Amores Proibidos

na história do Brasil

Proibida a reprodução total ou parcial em qualquer mídia
sem a autorização escrita da editora.
Os infratores estão sujeitos às penas da lei.

A Editora não é responsável pelo conteúdo da Obra,
com o qual não necessariamente concorda. O Autor conhece os fatos narrados,
pelos quais é responsável, assim como se responsabiliza pelos juízos emitidos.

Consulte nosso catálogo completo e últimos lançamentos em **www.editoracontexto.com.br**.

Maurício Oliveira

Amores Proibidos
na história do Brasil

editora contexto

Copyright © 2010 do Autor

Todos os direitos desta edição reservados à
Editora Contexto (Editora Pinsky Ltda.)

Ilustração de capa
Shutterstock ©Jumpingsack

Montagem de capa
Alba Mancini

Diagramação
Gustavo S. Vilas Boas

Preparação de textos
Beatriz Chaves

Revisão
Lilian Aquino

Dados Internacionais de Catalogação na Publicação (CIP)
(Câmara Brasileira do Livro, SP, Brasil)

Oliveira, Maurício
    Amores proibidos na história do Brasil / Maurício Oliveira. –
São Paulo : Contexto, 2012.

    ISBN 978-85-7244-696-9

    1. Amor proibido 2. Brasil – História 3. Paixões 4. Personalidades –
Brasil – Biografia I. Título.

12-00596	CDD-981.0092

Índice para catálogo sistemático:
1. Amores proibidos : Personalidades : Brasil : História   981.0092

2012

EDITORA CONTEXTO
Diretor editorial: *Jaime Pinsky*

Rua Dr. José Elias, 520 – Alto da Lapa
05083-030 – São Paulo – SP
PABX: (11) 3832 5838
contexto@editoracontexto.com.br
www.editoracontexto.com.br

"Só ri das cicatrizes quem ferida nunca sofreu no corpo."
(Romeu, no jardim dos Capuleto, dirigindo-se a Julieta —
o mais célebre de todos os amores proibidos)

SUMÁRIO

Apresentação 9

Chica da Silva e João Fernandes 15
(1753-1779)

Dom Pedro I e marquesa de Santos 29
(1822-1829)

Giuseppe e Anita Garibaldi 53
(1839-1849)

Joaquim Nabuco e Eufrásia Teixeira Leite 73
(1873-1889)

Chiquinha Gonzaga e João Batista Lage 95
(1899-1935)

Oswald de Andrade e Patrícia Galvão, a Pagu 115
(1928-1935)

Lampião e Maria Bonita 141
(1930-1938)

Bibliografia 155

O autor 157

APRESENTAÇÃO

Final da tarde de 25 de outubro de 2011, uma terça-feira. Venta forte em São Paulo. Galhos secos despencam e pequenas flores amarelas flutuam sobre os túmulos do Cemitério da Consolação. Chego ao jazigo da família de Oswald de Andrade, onde ele foi enterrado em 1954. A cena que logo me vem à mente, contudo, é de 1930 – o casamento de Oswald com Patrícia Galvão, a Pagu. A escolha desse local para a cerimônia reflete a excentricidade e irreverência típicas do escritor modernista, que assim registrou aquele momento:

> Nesta data contrataram casamento a jovem amorosa Patrícia Galvão e o crápula forte Oswald de Andrade. Foi diante do túmulo do Cemitério da Consolação, à rua 17, número 17, que assumiram o heroico compromisso. Na luta imensa que sustentam pela vitória da poesia e do estômago, foi o grande passo prenunciador, foi o desafio máximo.

Percorro algumas dezenas de metros em direção a um monumento que sustenta, no topo, a estátua de um anjo. Com grafia do século XIX, o letreiro original indica se tratar do jazigo perpétuo que guarda os restos mortais de Domitila de Castro, a marquesa de Santos, doadora das terras do cemitério. Uma placa mais recente, instalada para destacar as personalidades ali enterradas, classifica Domitila como "benemérita" no lugar em que os outros são identificados por uma profissão. A foto, provavelmente do seu últi-

Amores proibidos na história do Brasil

mo ano de vida, 1867, mostra uma senhora bem-vestida, de olhar benevolente e expressão serena. Em nada lembra a mulher que, quatro décadas antes, seduzira Dom Pedro I e abalara os alicerces do Império brasileiro.

Deparar com os nomes de dois personagens do livro que eu vinha preparando – este *Amores proibidos* – inscritos nas frias lápides de seus túmulos me levou a reflexões. Pensei na trajetória de Oswald, de Domitila e dos outros 12 protagonistas da obra. Lembrei dos desafios, das reviravoltas e dos dramas que cada um deles enfrentou. Apesar disso, todos tiveram exatamente o mesmo destino de quem atravessou a vida sem tanta paixão. Visitar cemitérios sempre faz lembrar que um dia o corpo é vencido e a matéria desaparece. O que fica, mesmo, são as histórias.

★ ★ ★

Amores proibidos nunca foram fáceis. Por influência de algum mecanismo insensato da psiquê humana, as paixões se tornam ainda mais sedutoras, perturbadoras e atraentes quando há algum impedimento para que se realizem em toda sua plenitude. É justamente na impossibilidade de se entregar plenamente ao outro que o mais nobre dos sentimentos acaba muitas vezes se confundindo com os seus opostos, a dor e o sofrimento.

Não deixa de ser curioso, no entanto, que essa dubiedade tenha sido responsável ao longo dos tempos por impulsionar e mudar os rumos da humanidade. Quantas guerras e decisões políticas terão sido secretamente motivadas por um amor proibido? A criação artística também se abastece amplamente dessa fonte. A música, o teatro, a dança, a literatura, todas essas formas de expressão se inspiram com muito mais frequência em angustiantes paixões não correspondidas e amores rompidos do que na tranquila sensação de viver um amor sem complicações.

Ao descrever paixões vividas por personalidades da história do Brasil, este livro evidencia que, quando se trata de assuntos do co-

Apresentação

ração, todos são gente como a gente, sujeitos a erros e acertos, dúvidas e certezas. Apresentadas em conjunto, as histórias formam um panorama dos nossos mais conhecidos e importantes amores proibidos. Os sete relacionamentos incluídos trazem, como ponto em comum, o fato de terem brotado em meio a grandes obstáculos — adultério, conflitos de classe, preconceitos, convenções sociais ou disputas por poder.

A primeira história é sobre o surpreendente relacionamento entre o rico contratador de diamantes João Fernandes e a escrava Chica da Silva. Fernandes podia escolher qualquer sinhazinha como esposa — havia uma fila de pretendentes —, mas encantou-se com Chica quando a viu pela primeira vez, em 1753. Era um relacionamento proibido por dois fatores. O primeiro, de ordem prática, é que ela pertencia a outro homem, um influente juiz da região do Arraial do Tejuco, atual cidade de Diamantina, em Minas Gerais. O segundo é que não era comum à época que um homem branco e rico escolhesse uma escrava como esposa — muitos tiravam proveito sexual das suas escravas, mas não assumiam essas relações e muito menos os filhos resultantes delas. João Fernandes precisou de firmeza e coragem para subverter os padrões vigentes.

No caso de Dom Pedro I e Domitila Castro, que se tornaria mais conhecida como marquesa de Santos, o maior impedimento para a relação, iniciada em 1822, era o fato de o príncipe ser casado com Leopoldina. Quando a esposa de Dom Pedro morreu, ainda muito jovem, os problemas passaram a ser outros. Havia uma grande oposição popular à possibilidade de uma união dele com sua amante, considerada responsável pelo adoecimento da imperatriz. Além do mais, Dom Pedro sentia a necessidade de estabelecer uma nova aliança estratégica com uma família nobre europeia, como de fato acabou ocorrendo. Domitila, que talvez tenha sido a única mulher que o príncipe verdadeiramente amou, não cabia nesses planos. Assim, a ardente e intensa paixão entre os dois chegou ao fim depois de sete anos.

11

Motivos para considerar proibido o amor entre Giuseppe e Anita Garibaldi também não faltam. Quando o revolucionário italiano conheceu a jovem na cidade catarinense de Laguna, em 1839, ela era casada. Além disso, Anita se envolveria em uma série de aventuras à margem da lei ao seguir Giuseppe. Essas mesmas circunstâncias podem ser evocadas para descrever a origem do relacionamento entre Lampião e Maria Bonita, em 1930. Ela também era casada e, por amor, aceitou se submeter à vida errante dos cangaceiros. Tanto Anita quanto Maria Bonita pagaram com a vida pelas escolhas feitas.

No que diz respeito a Joaquim Nabuco e Eufrásia Teixeira Leite, o amor se tornou proibido não porque um dos dois fosse comprometido – ao contrário, ambos eram livres quando se conheceram, em 1873 –, mas por uma série de desencontros de expectativas e diferenças de opinião. No início, a maior polêmica parecia ser o grau de intimidade permitido para o namoro. Logo outros impasses bem mais complexos surgiriam, contudo. Eufrásia era muito rica e tinha medo de que o *bon vivant* Joaquim torrasse a fortuna que ela havia herdado do pai. Outro empecilho para o casamento é que ela não aceitava morar em outro lugar que não fosse Paris, enquanto ele não imaginava seu futuro distante do Brasil. Além do mais, Eufrásia vinha de uma família com tradição escravocrata e Joaquim se tornaria justamente o maior líder do movimento abolicionista. De impasse em impasse, 15 anos se passaram – até que Joaquim, cansado de esperar, decidiu se casar com outra.

Chiquinha Gonzaga teve que enfrentar o preconceito social contra a diferença de idade ao se apaixonar por Joãozinho, 36 anos mais jovem, em 1899. Mulher independente e realizadora, ela já havia superado uma série de dificuldades, como separar-se de dois maridos e conquistar um espaço até então inédito para mulheres no cenário musical brasileiro. Mesmo com esse histórico, Chiquinha não encontrou forças para assumir de peito aberto o relacionamento com o rapaz. Preferiu divulgar a versão de que Joãozinho era seu filho, sustentada até o final da vida, quase quatro décadas depois – período em que o rapaz se manteve como seu companheiro fiel e inseparável, contrariando todos os prognósticos de quem imaginava um relacionamento breve.

Já o amor entre Oswald de Andrade e Pagu surgiu tão intenso que todo mundo imaginou que duraria para sempre. Em 1928, aos 40 anos, ele deixou a mulher, a pintora Tarsila do Amaral, para viver com a jovem escritora. O relacionamento começara sob o estigma do adultério, um fantasma que jamais deixaria de existir entre eles, pois Oswald mantinha relacionamentos com outras mulheres mesmo depois de casado com Pagu. Sob as bênçãos do modernismo, que tinha como uma das premissas o rompimento com a tradição romântica, ele queria que Pagu concordasse placidamente com essa situação, mas sem ter direito ao mesmo grau de liberdade. Outro elemento complicador da relação foi a entrega de Pagu à militância comunista – o partido vivia na clandestinidade e ela foi presa inúmeras vezes. A relação não resistiu a tantas turbulências e se desfez depois de sete anos.

Quando tomamos conhecimento dos detalhes de todas essas histórias, uma questão logo se impõe: será que essas pessoas se arrependeram de ter vivido casos de amor tão intensos e sofridos? Teriam preferido uma trajetória mais tranquila, mais segura, sem tantos sobressaltos? Ou o amor sempre vale a pena, independentemente dos obstáculos e das dores que fazem parte do pacote? Talvez essa resposta, leitor, caiba a você. Boa viagem ao fascinante universo dos amores proibidos.

Chica da Silva e João Fernandes
(1753-1779)

João Fernandes foi acometido da mais pura volúpia ao avistar a escrava Chica da Silva pela primeira vez. Normalmente ponderado, ele saiu do prumo ao deparar com a beleza exótica daquela mulata alta e esguia. A cintura fina, os seios primaveris e o corpo cujo contorno escultural se insinuava por debaixo da armação do vestido compunham uma visão onírica para o jovem recém-chegado ao Arraial do Tejuco. Era uma visão que lhe faria perder o sono naquela noite, e também nas seguintes. "Essa escrava tem que ser minha!", decidiu João em meio a uma das madrugadas insones.

Não seria nada fácil, contudo. Chica era a predileta do português Manuel Sardinha, médico que ocupava também o cargo de juiz do Tejuco — atual cidade de Diamantina, em Minas Gerais. Tratava-se de um solteirão já sexagenário, que havia tido filhos com algumas de suas escravas. Chica era um dos casos. Tão logo se tornou adolescente, ela não teve como resistir ao assédio de Sardinha. Quando completou 20 anos, em 1751, a jovem deu à luz um menino, Simão.

Chica nascera no Arraial do Milho Verde, perto dali, composto por não mais do que uma dúzia de casebres ao redor de uma igreja, erguida à beira de um riacho. Era filha da escrava Maria, que recebera esse nome ao ser capturada e trazida da África para o Brasil, ainda criança. O pai de Chica, o militar português Antônio, não assumiu a paternidade e deixou Maria tomando conta sozinha da criança, como era comum à época.

A mãe de Chica perseguiu obstinadamente seu grande objetivo de vida: tornar-se livre. Escravos que conseguissem juntar dinheiro poderiam comprar a própria alforria. Muitos esbarravam na proibição por parte dos senhores de exercer qualquer tipo de atividade que não fosse servi-los. Assim, não tinham como ganhar dinheiro suficiente para conquistar a própria liberdade e se viam condenados a permanecer como cativos pelo resto da vida. Nesse sentido, pode-se até dizer que Maria tinha sorte: considerando-se os padrões da época, ela cultivava um bom relacionamento com seu proprietário, Domingos da Costa, ele próprio um ex-escravo que comprara a alforria – e que continuou prosperando até ter seus próprios escravos.

Por mais que a escravidão seja uma prática condenável vista aos olhos de hoje, é preciso entender que, faltando mais de um século para que os primeiros movimentos pela abolição surgissem no Brasil, tratava-se de uma instituição estabelecida e aceita como normal. Famílias abastadas possuíam escravos não apenas para resolver os problemas domésticos e ser uma força de trabalho barata, mas também por uma questão de *status*. Muitos dos escravos que conquistavam a alforria consideravam que outros cativos que quisessem trilhar o mesmo caminho deveriam alcançar a liberdade por méritos próprios. Era esse o pensamento de Domingos da Costa e seria também o da própria Chica da Silva, que nascera escrava e, como veremos, chegaria ao fim da vida como senhora de dezenas deles.

Chica conhecia muito bem as agruras da vida sob escravidão. Na infância, teve uma rotina pesada de trabalhos domésticos – cozinhar, lavar roupa, limpar a casa –, com algumas breves oportunidades de brincar com as outras pequenas escravas. Nessas ocasiões, qualquer espiga de milho e pedaço de pano velho eram suficientes para construir as bonecas que faziam a imaginação da menina voar.

Sonhando em dar um destino diferente à filha, Maria preparava doces para vendê-los nas ruas – um "bico" ao qual se dedicava, com a autorização de Domingos, após cumprir suas obrigações de escrava. Assim, pouco a pouco, juntou o dinheiro necessário para comprar sua liberdade. Quando finalmente obteve a alforria, decidiu partir para o Tejuco, o lugar mais desenvolvido das redondezas, encravado em uma região montanhosa e de clima agradável.

A alforria comprada pela mãe não dava liberdade a Chica, contudo. Sabendo da pretensão de Maria em se instalar no Tejuco, Domingos negociou a transferência da ex-escrava, com a filha, para a casa de Manuel Sardinha. A relação de dependência que Maria estabeleceria a partir dali com Sardinha não seria muito diferente da que existia anteriormente com Domingos – mesmo porque havia Chica, ainda na condição de escrava. Sardinha concedeu a liberdade a Simão no momento do batismo, a exemplo do que fizera em relação a seus outros filhos em situação semelhante. Chica passou a viver, então, a curiosa condição de permanecer escrava enquanto sua mãe e seu filho deixaram de sê-lo.

Era esse o cenário que João Fernandes teria que enfrentar para conquistar a mulher que vinha lhe tirando o sono. Nascido na cidade mineira de Mariana, João chegara ao Tejuco com a missão de ajudar a tomar conta dos negócios do pai, de mesmo nome, um poderoso contratador de diamantes. O velho João Fernandes deixara Portugal ainda jovem para tentar a vida no Brasil. Casou-se com uma carioca, filha de comerciantes bem-sucedidos, e graças aos bons contatos que fez dali em diante conseguiu a permissão para explorar diamantes na região do Tejuco.

Estabelecer contratos do gênero com comerciantes independentes foi a solução adotada pelo reino de Portugal para disciplinar a extração das pedras, que vinha ocorrendo desordenadamente desde a década de 1720. A exploração dos diamantes começou quando os garimpeiros que procuravam ouro na região encontraram por acaso, no leito de um rio, algumas pedras brilhantes. Durante algum tempo, a extração foi feita em segredo, com a conivência de autoridades locais, que se empenhavam em evitar que a Coroa portuguesa soubesse da novidade. Mas o boato correu e muitos aventureiros chegaram à região. Quando descobriu o que estava acontecendo, o governo estabeleceu a cobrança de pesados impostos sobre as riquezas extraídas. Mas o sistema não funcionou a contento, pois dava espaço à corrupção dos funcionários da Coroa e ao contrabando.

Em 1734, a Coroa definiu uma área em que a extração seria permitida, denominada Demarcação Diamantina. A corrida pelos diamantes resultaria em tantos achados nos anos seguintes que o preço do produto despencou, levando o governo português a suspender a extração por cinco anos, para que os diamantes voltassem a se valorizar no mercado. Quando o processo foi retomado, havia novas regras. Só receberia autorização para extrair diamantes quem formalizasse um contrato com o representante do governo português nomeado para cuidar da área em questão. Com boas relações em Portugal, o velho João Fernandes ganhou o direito de administrar a região da Demarcação Diamantina. Tornou-se, assim, um "contratador de diamantes".

Os diamantes eram remetidos para Portugal uma vez por ano, em dezembro. A tarefa ficava a cargo da chamada Nau do Ouro, que percorria o trajeto entre América e Europa devidamente protegida por um navio de guerra equipado com sessenta peças de artilharia e homens fortemente armados. Toda essa riqueza permanecia ao longo do ano sob atenta vigilância na Casa da Intendência do Tejuco – ainda assim, ocorriam frequentes desvios e roubos.

O sistema de extração de diamantes se baseava, assim como qualquer outra atividade econômica da época, em mão de obra escrava. Era um trabalho pesado, mas que ao menos incluía um alento: tornou-se norma recompensar com a alforria o escravo que encontrasse uma pedra muito valiosa, de pelo menos 17,5 quilates, o equivalente a cerca de 3,5 gramas de peso. Oferecer a liberdade como prêmio era uma forma de motivar os escravos a trabalhar de sol a sol, com o máximo de empenho e dedicação. Uma estratégia cruel, pois a maioria jamais tiraria a sorte grande. O viajante inglês John Mawe, que visitou a região à época, deixou um relato em que contava ter testemunhado a descoberta de uma bela pedra por um escravo e da torcida de todos os demais para que ele alcançasse a alforria. Ao ser pesada, contudo, a pedra revelou ter 16,5 quilates – um pouco menos que o mínimo necessário para a concessão do benefício. "Todos partilharam do pesar dele quando a pesagem acusou a falta de um quilate", registrou Mawe.

Enquanto o velho João Fernandes fazia prosperar os seus negócios indiferente aos sofrimentos e desilusões de seus mais de quatrocentos escravos, o filho enfrentava dois meses de viagem de navio para estudar em Portugal, como era comum nas famílias mais abastadas do Brasil. Não havia universidades na colônia, por proibição expressa da Coroa, que queria evitar o surgimento de uma geração de brasileiros críticos o suficiente para começar a pleitear a independência. Preocupado em facilitar o trânsito do filho no circuito da nobreza em Portugal, o pai comprou para ele o título de Cavaleiro da Ordem de Cristo. Em Lisboa, João estudou primeiro no seminário de São Patrício, administrado pelos jesuítas. Chegou a pensar em ser padre, mas desistiu de seguir a vida religiosa para estudar na Universidade de Coimbra, um dos principais centros culturais europeus naquele período.

O curso que escolheu, chamado Cânones, reunia conhecimentos de Filosofia, grego e latim e durava cinco anos. Formar-se nesse curso abria a possibilidade de se tornar padre ou juiz, e dava direito também a atuar como advogado. Assim que se diplomou, João chegou a ser nomeado desembargador do Tribunal da Relação da cidade do Porto. Esteve a um passo de radicar-se definitivamente em Portugal, mas se viu impelido a voltar ao Brasil para ajudar o pai a cuidar dos negócios.

Rico, finamente educado e bem-apessoado, João era um solteiro cobiçadíssimo de 26 anos, centro das atenções das moças casadoiras da alta sociedade brasileira e portuguesa. Mas o coração tem seus caprichos. Assim que chegou ao Tejuco, João foi visitar Manuel Sardinha, velho conhecido de seu pai, e nessa ocasião teve a inquietante visão de Chica, que apenas passou pela sala enquanto os dois conversavam. Foi o suficiente para que deixasse o forasteiro deslumbrado. Ela estava com 22 anos.

O assunto foi sutilmente introduzido por João na visita seguinte, mas o velho desconversou. João precisou, então, ser mais incisivo. Disse que estava precisando de bons escravos e havia gostado daquela moça – estaria disposto a pagar o que fosse preciso. Sardinha respondeu que negociar Chica estava fora de cogitação, pois não havia bem material que compensasse sua ausência. Disse isso com um sorriso malicioso, o que deixou João intrigado e até mesmo raivoso. Ele já se sentia apaixonado por Chica e, como todo apaixonado, tinha ciúmes.

Bastou investigar mais um pouco para descobrir algo que Sardinha não revelara: que ele era o pai de Simão, então com dois anos, assim como era pai também dos filhos de outra escrava mais antiga, Antônia. Embora não assumisse a paternidade oficialmente em ambos os casos, todos na localidade sabiam disso. Esse vínculo de Chica com Sardinha certamente deixava tudo ainda mais complicado, mas João não estava disposto a desistir. Decidiu que usaria todos os recursos que estivessem a seu alcance, incluindo um "golpe baixo".

O jovem convenceu o vigário responsável pela região do Tejuco de que não ficava bem, diante dos preceitos de Deus, um homem viver com duas mulheres sob o mesmo teto. Expôs seus argumentos citando passagens da Bíblia, que conhecia bem por tê-la estudado a fundo. Sugeriu ao vigário, então, que pressionasse Sardinha a escolher com qual das duas ficaria. O vigário obviamente sabia da situação e a tolerava até então, mas a observação do poderoso e influente recém-chegado o impeliu a tomar providências – mesmo porque João acenou com a possibilidade de polpudas doações para a igreja local.

20

Sem mencionar João em momento algum, conforme este havia lhe pedido, o religioso foi conversar com Sardinha, expondo-lhe o desconforto que sentia diante da situação. Alegou que era um mau exemplo para os demais fiéis. Sardinha se viu pressionado a resolver a questão. Pensou que, como Antônia era mais velha, seria difícil encontrar interessados em sua compra. Com o coração partido, e lembrando-se do interesse de João por Chica, Sardinha aceitou abrir negociação. Não desperdiçou a oportunidade de conseguir um bom preço, entretanto. João nem deu importância a esse detalhe. Afinal, pagaria mesmo o que fosse necessário para tomar posse daquela mulher. O antigo proprietário de Chica fez questão de que o pequeno Simão, seu próprio filho, seguisse com a mãe. Impôs essa condição a João – que a aceitou sem problemas, mesmo porque, já com ciúmes antecipados, imaginou que, com uma criança por perto, ela teria menos tempo e oportunidades de se envolver com quem quer que fosse.

João agiu, então, como um verdadeiro cavalheiro. Tomou cuidado para não tratar Chica como um objeto, e sim como uma mulher digna de carinhos e gentilezas. Em casa, fez questão de deixar claro para os demais escravos o papel que a recém-chegada exerceria, com *status* superior a todos eles. Ela viveria, na prática, como sua esposa. Chica, por sua vez, logo se deixou encantar por aquele rapaz de modos gentis e sorriso cativante que a fez superar a resistência natural de quem ouvira muitas histórias sobre senhores que se aproveitavam das suas escravas e depois as deixavam em péssima situação.

Na primeira noite juntos, João desfrutou de cada minuto da companhia de Chica sentindo-se como se estivesse no céu. A maciez da pele, a profundidade do olhar, a forma sensual como o corpo dela se contorcia, tudo se somava para que o rapaz tivesse uma sensação de êxtase pleno, algo que jamais sentira até então. Habituado a lidar com diamantes, ele teve a certeza de que havia encontrado o seu tesouro particular. Saía de casa já morrendo de vontade de voltar a beijar cada centímetro daquele corpo deslumbrante, de segurar Chica pela cintura fina e apertá-la contra si, de passear pelas curvas inebriantes e protegê-la em seus braços até o amanhecer.

Nascia ali um sentimento de amor verdadeiro. Quando percebeu que estava diante da mulher da sua vida, por quem valeria a pena enfrentar todos os obstáculos, João não hesitou em assumir publicamente a relação com Chica. Ele admirava a habilidade e a inteligência intuitiva com que ela se adaptava ao novo mundo com o qual estava entrando em contato. Era uma escrava por circunstâncias da vida, mas certamente tinha alma de rainha. Graças à obstinação de João em torná-la sua esposa, merecedora de todos os seus afetos e atenções — e não apenas uma amante ocasional —, Chica se transformaria numa dama da sociedade. Uma dama que, apesar da origem e da cor da pele, conviveria com ricos e nobres como se tivesse nascido entre eles.

No princípio, como era natural, a moça se mostrava apreensiva diante da nova vida que começava a levar. Tudo parecia bom demais para ser verdade. Por que aquele homem rico e elegante, que se trajava à moda europeia — fraque, camisa de linho e lenço de seda, além do chapéu e da bengala que completavam a vestimenta clássica de um homem distinto —, se interessaria justamente por ela, tendo todas as sinhazinhas do mundo a seus pés? Quanto tempo duraria aquele sonho? Parecia inevitável que João logo se fartasse e partisse para a próxima aventura, exatamente como faziam todos os homens brancos em relação às suas escravas.

Essa sensação de inferioridade diante de João rapidamente se transformou não apenas em afeição, mas em verdadeira devoção. Chica passou a se dedicar de corpo e alma à missão de ser a mais completa e encantadora esposa que um homem pudesse ter. As noites continuavam ardentes e ganharam o ingrediente adicional da cumplicidade, mas ela soube combinar aos seus encantos físicos as frequentes demonstrações de carinho e o empenho em administrar da melhor forma possível a casa e os demais escravos – ainda que, oficialmente, continuasse sendo um deles. João encantava-se cada vez mais com o esforço de Chica e orgulhava-se dos progressos que ela fazia dia após dia. Além do talento natural para ostentar belas roupas e joias – parecia ter vivido desde criança em meio ao luxo –, ela se esforçava nas aulas de alfabetização e passou até a se interessar por teatro, um dos hábitos sofisticados que João trouxera da Europa.

No Natal do mesmo ano em que comprou Chica, 1753, João lhe deu o maior de todos os presentes: anunciou sua alforria, sem exigir nada em troca. Perderia o dinheiro investido, mas certamente ganharia pontos no coração da amada, perspectiva mais que suficiente para justificar o ato. Se até então persistia em Chica alguma dúvida sobre a autenticidade dos sentimentos de João, aquela era a prova definitiva. Ele realmente gostava dela. O rapaz se apoiava em seu prestígio e poder para desafiar os preconceitos da sociedade. Eventuais comentários maldosos sobre a situação eram feitos às escondidas, pois ninguém no Tejuco tinha coragem de desafiá-lo abertamente, sob pena de sofrer as consequências da sua influência. Com o apoio firme de João, Chica passou a frequentar, altiva e desembaraçadamente, os ambientes da alta sociedade.

Alguns meses depois da inesquecível festa de Natal em que ganhou a liberdade – e, mais do que isso, teve certeza do amor de João por ela –, Chica engravidou. A pequena Francisca de Paula foi devidamente reconhecida pelo pai e teve como padrinho ninguém menos que Manuel Sardinha, o ex-proprietário de Chica e pai do primeiro filho dela; prova de que não restou mágoa nesse imponderável triângulo amoroso. O mais importante de tudo, para Chica, foi um detalhe do registro de batismo: seu próprio nome ganhava, pela primeira vez, o sobrenome de João, "Oliveira".

A pequena Francisca, que carregava o mesmo nome da mãe, seria a primeira dos 13 filhos que o casal teria – 4 meninos e 9 meninas. Embora passasse boa parte do tempo grávida, Chica continuava se esforçando no dia a dia para manter aceso o interesse do amado por ela. Podia fazer isso sem a preocupação de ter que cuidar das crianças, pois contava com a ajuda de várias escravas e de sua mãe, Maria, prontamente acolhida por João desde o começo do relacionamento. João mandou construir uma casa grande, cheia de quartos e com um quintal repleto de árvores frutíferas. Havia também uma capela dedicada a Santa Quitéria, de quem Chica era devota. E até um lago artificial, que Chica dizia ser o "mar" que o amado havia mandado fazer especialmente para ela.

Cada vez mais segura como mulher de João, ela se tornou uma grande anfitriã no Tejuco. As festas que organizava marcaram época, especialmente pela fartura. Dinheiro nunca foi problema para João, cujos negócios continuavam cada vez mais prósperos. Ele decidiu, então, comprar uma chácara para sediar eventos que reuniam música e teatro. Ao patrocinar artistas e reunir em torno das apresentações a fina flor da sociedade local, ele matava um pouco da saudade que sentia da ebulição cultural que testemunhara em Lisboa e, ao mesmo tempo, consolidava sua influência – e a de Chica, por extensão – no Tejuco e arredores.

João se preocupava também em dar a melhor educação aos filhos. Em 1767, as três filhas mais velhas do casal foram internadas no Recolhimento de Macaúbas, em Sabará, estabelecimento voltado a meninas da elite, com matrícula paga literalmente a ouro. A primogênita Francisca de Paula já era uma mocinha de 12 anos, mas a pequena Ana Quitéria tinha apenas 5 anos. Uma vez internas, as meninas foram submetidas a um cotidiano de simplicidade e desapego de bens materiais – deixaram até de ser chamadas pelos nomes de batismo. As roupas foram substituídas pelo hábito típico dos franciscanos e boa parte do dia era dedicada às orações.

Os objetivos da formação oferecida pelo Recolhimento eram encaminhar as jovens à carreira religiosa ou transformá-las em esposas exemplares. As outras filhas do casal foram sendo internadas à medida que chegavam aos 5 anos. A saudade que Chica e João sentiam das filhas era tanta que ele decidiu construir uma casa ao lado do convento apenas para abrigá-los nos dias permitidos para visita. Enquanto isso, os filhos homens permaneciam ao lado do pai, ajudando-lhe no negócio do qual seriam herdeiros.

Havia apenas uma coisa capaz de tumultuar a relação quase perfeita entre João e Chica: o fantasma do ciúme. Tanto um quanto outro morriam de medo de que seus encantos perdessem a força a ponto de abrir espaço para um substituto ou substituta. Correram boatos sobre atitudes extremas patrocinadas por João e por Chica em nome do chamado "monstro de olhos verdes". Chica teria mandado afogar o bebê de uma escrava que suspeitava ser filho de João. Ela já havia flagrado alguns olhares dele em direção à moça, e a falta de explicação sobre a gravidez – quem era o pai, afinal de contas? – lhe pareceu indício seguro de que havia algo errado ali. Já João teria castigado cruelmente um escravo que se tornara próximo demais de Chica. Certa ocasião, ao procurá-la por toda a propriedade, João a encontrou em um lugar isolado, supostamente praticando jardinagem com ajuda do rapaz. No dia em que o marido desconfiado viu o possível amante da mulher banhando-se nu e constatou sua exuberante forma física, mandou cortar o mal pela raiz. Se realmente ocorreram, esses atos desumanos foram abafados e não passaram de boatos. Mas quem conhecia o casal de perto sabia que o ciúme entre eles poderia mesmo motivar atitudes extremas.

Quando parecia que nada iria separar os dois, o destino aprontou mais uma das suas. O pai de João morreu em Portugal e ele teve que embarcar com urgência para resolver problemas referentes à herança. O velho João Fernandes havia se casado pela segunda vez e a jovem viúva, Isabel, o fez assinar às vésperas da morte um novo testamento, em que deixava metade da fortuna para ela. João e o pai já andavam se estranhando a distância, pois o filho discordava dos gastos exagerados que o velho fazia para agradar à esposa. A gota d'água foi a construção de uma mansão em Portugal, feita para atender a todos os caprichos de Isabel. O pai, por sua vez, não aceitava críticas de um filho que abrira mão das melhores possibilidades de casamento para se unir a uma escrava.

Aos 43 anos, sentindo a saúde já fraquejando vez ou outra, João enfrentou uma comovida despedida de Chica e dos filhos – o caçula José Agostinho tinha acabado de nascer. Era triste, triste demais, pois naquele tempo uma viagem à Europa não era algo que se podia fazer o tempo todo. João precisava, no entanto, enfrentar a longa e penosa travessia justamente para assegurar que o patrimônio construído pelo pai e ampliado por ele próprio chegasse intacto aos filhos. Precavido, deixou um testamento em que reconhecia cada um dos seus filhos com Chica – e mais Simão – como herdeiros legítimos de tudo o que possuía. A sensação era a de que talvez não voltasse a vê-los.

Chegando à Europa, João logo constatou que não lhe restava alternativa a não ser assumir para valer os negócios deixados pelo pai em Portugal. Caso não o fizesse, a fortuna estaria mesmo condenada a desaparecer. Assim, o tempo passava sem que João conseguisse viabilizar o retorno ao Brasil. Os negócios em Portugal dependiam muito dele, de sua presença física. Assim, a permanência na Europa tornava-se cada vez mais obrigatória e definitiva. Nesse meio tempo, o marquês de Pombal decidiu mudar a estratégia da exploração dos diamantes e extinguiu o sistema de contratos. A Coroa montou estrutura própria para extração e fiscalização das minas, assumindo diretamente todo o processo e deixando João sem seu lucrativo ganha-pão no Brasil. Chica só não passou necessidade porque continuou ganhando dinheiro com o aluguel de escravos para o governo.

A possibilidade do reencontro estava cada vez mais distante. Isso ficou especialmente evidente quando João convocou os filhos homens, incluindo Simão, para ajudá-lo nos negócios em Portugal. Estava convicto de que precisava colocar os rapazes a par de tudo. Afinal, ele não era imortal... Foi assim que, de forma inesperada

26

para quem construíra uma família tão numerosa, Chica se viu subitamente sozinha. Ela decidiu, então, trazer as filhas de volta para casa. Oito retornaram do convento – apenas Antônia quis ficar para seguir carreira religiosa. Chica passou a se dedicar à missão de terminar de preparar as filhas para encaminhá-las na vida. Sabia que, agora que o pai das meninas não estava por perto, encontrar bons maridos seria fundamental para o futuro de cada uma delas.

Em meio à saudade e à necessidade de se conformar com uma situação que se tornara aparentemente irreversível, aquela década passou voando. João partira em 1770, e em 1779 chegou a notícia que Chica mais temia: o homem que lhe dera os dois maiores bens que uma pessoa pode receber de outra – amor e liberdade – morrera em Lisboa, aos 52 anos.

Torturada pela sensação de não ter se despedido, de não ter conseguido mudar o destino que a separou de João justamente quando ele mais precisava de seus cuidados, Chica enfrentou um longo período de dor e tristeza. A vida nunca mais seria a mesma para ela. Era como se o encanto, o brilho, o fogo tivessem se apagado para sempre. Ela continuava transitando livremente pela sociedade dos brancos, mas a mulata vistosa de outrora dera lugar a uma recatada senhora dedicada à religião. Ia à missa quase todos os dias e distribuía esmolas, além de financiar obras sociais. Tornava-se progressivamente obesa, pois se limitava a passar a maior parte do dia deitada, sob a constante atenção de seus escravos.

Quando morreu, em 1796, aos 65 anos, Chica da Silva foi sepultada no interior da igreja de São Francisco de Assis, reservada à elite branca, com todas as honras de dama da sociedade. A dama que, de fato, ela foi – graças ao amor incondicional de um homem.

Dom Pedro I e marquesa de Santos
(1822-1829)

Com dores por todo o corpo, Dom Pedro I sentiu-se aliviado ao constatar que a longa viagem a cavalo entre Rio de Janeiro e São Paulo estava finalmente chegando ao fim, após dez dias por estradas cheias de poeira, lama, subidas e descidas. A última noite seria passada na Chácara dos Ingleses, onde moravam os pais do alferes Francisco de Castro Canto e Melo, conhecido como Chico de Castro, um dos nove integrantes daquela jornada que se tornaria histórica. Em duas semanas, quando chegasse o dia 7 de setembro de 1822, Dom Pedro ergueria sua espada às margens do rio Ipiranga para proclamar a Independência do Brasil, tornando-se o primeiro imperador da nova nação.

Avesso à monotonia, o príncipe tentava sempre que possível dar ares de aventura àquela viagem. Em certo momento, dispensou uma embarcação que estava disponível e pôs-se a atravessar o rio Paraíba a cavalo. Chegou a ficar com água até o peito, mas conseguiu alcançar a margem oposta, para alívio dos companheiros de viagem. Como era bem de seu feitio, Dom Pedro determinou então que um dos súditos trocasse de roupa com ele, para que não seguisse viagem molhado. Uma das vantagens de ser príncipe, pensava ele enquanto via o rapaz se despir, era ter o direito de fazer esse tipo de exigência sem ouvir resmungos.

Fazendo jus à fama de mulherengo, Dom Pedro arriscava algumas conquistas amorosas pelo caminho. Mesmo depois de cinco anos de casamento com a princesa Leopoldina, conhecer mulheres continuava sendo quase uma compulsão. Em Santos, ao passar por uma viela pouco movimentada, a comitiva cruzou com uma bela mulata, com quem Dom Pedro puxou conversa. Ressabiada, a moça não lhe deu trela. Então o príncipe se aproximou e roubou-lhe um beijo – e recebeu em troca um tapa no rosto. A moça escapou correndo e o príncipe ficou sem entender se, afinal de contas, ela sabia quem ele era.

Naquele último final de tarde da viagem, já chegando à casa dos pais, Chico avistou uma cadeira carregada por dois escravos vindo ao longe, ao encontro da comitiva. Comentou que ali estava possivelmente sua irmã Domitila, cujas peripécias mais recentes ele já havia relatado a Dom Pedro durante as longas horas de estrada. Aos 24 anos, mesma idade do príncipe, Domitila voltara a morar com os pais após o escandaloso desfecho de seu casamento com o alferes Felício Pinto Coelho, com o qual se unira ainda adolescente, quase dez anos antes. Ela havia sido esfaqueada de raspão pelo marido, que a acusava de adultério após tê-la flagrado trocando carícias aos pés de uma bica d'água com o coronel Francisco de Assis Lorena, um homem garboso e com fama de sedutor. Por sorte, os ferimentos não foram profundos e Domitila logo estava recuperada.

Quando a cadeira se aproximou, Dom Pedro fez questão de parar e dar um alô à moça. Surpreendeu-se com sua desenvoltura e simpatia. Os dois engataram uma boa e longa conversa. Depois de dez dias de viagem, distante da civilização e das mulheres, Domitila lhe pareceu especialmente bela – ainda mais sob a suave luz do final de tarde.

Durante a conversa, a atenção do príncipe alternava entre os olhos, a boca e os seios da moça, que pareciam querer saltar do corpete. Para os padrões atuais de beleza, Domitila até poderia ser classificada como baixa e gordinha, mas a "robustez" – para usar um termo corrente à época – era uma característica apreciada, conforme registraria mais tarde um viajante alemão ao descrevê-la: "Não lhe falta bastante gordura, o que corresponde ao gosto geral". Naquela época em que o Brasil ainda não era reconhecido como uma terra de beldades, outro estrangeiro chegaria a afirmar que Domitila tinha "um exterior agradável, que pode passar por beleza num país onde ela é rara".

Quanto a Dom Pedro, imagine um príncipe de contos de fadas – alto, forte, gentil e sofisticado. Ele era o inverso de tudo isso. Com altura mediana e olhos pouco expressivos, tinha o rosto tomado por marcas de espinhas, algo que tentava esconder com a barba. Os braços eram desproporcionalmente curtos, uma característica familiar. Certamente não podia ser chamado de belo, embora fosse disparado o mais ajeitado de um clã repleto de gente medonha. Ao menos ele se preocupava em aparecer bem em público – ao contrário do pai, o glutão e desleixado Dom João VI, cujo hábito de guardar coxinhas de galinha nos bolsos do paletó encardido se tornou uma das anedotas clássicas do Império. Já Dom Pedro era minimamente cuidadoso com o asseio. Gostava de tomar banho e conservava os dentes bem brancos.

Os hábitos de Dom Pedro não tinham, no entanto, o requinte que podia se esperar de um príncipe. Tal fato se devia, em grande parte, às lacunas em sua educação. Ao desembarcar no Brasil com a família real, aos 9 anos, o menino tinha como tutor o coronel João Rademaker, ex-embaixador de Portugal na Dinamarca. Rademaker era tido como o homem ideal para preparar um futuro príncipe, mas morreu inesperadamente alguns meses depois da chegada ao Novo Mundo. Dom Pedro ficou, então, livre de regras mais rígidas de educação e cresceu em grande liberdade na colônia. Nunca demonstrou apreço pelo conhecimento formal – preferia dedicar o tempo ao aprendizado de música e à marcenaria. Chegou a fazer, sozinho, um jogo completo de bilhar, algo bem representativo dos seus interesses na adolescência. Outros *hobbies* eram a caça com espingarda e as cavalgadas, que lhe valeram algumas costelas fraturadas nas exatas 36 quedas sofridas – ele vivia se gabando da constante evolução desse número.

As falhas no aprendizado ficavam evidentes quando Dom Pedro escrevia. Seus textos pecavam pela falta de clareza, erros de grafia e de pontuação. Ainda assim ele gostava de escrever. Um de seus passatempos era enviar artigos para publicação em jornais, nos quais defendia anonimamente pontos de vista de interesse do Império. Nessas ocasiões, recorria a pseudônimos curiosos ou mesmo esdrúxulos, como "o Piolho Viajante" e "o Derrete Chumbo a Cacete".

Dom Pedro detestava que demonstrassem erudição ou cultura perto dele. Por isso, preferia a companhia de pessoas que não representassem ameaça nesse sentido. Uma delas era Francisco Gomes da Silva, o Chalaça, apelido dado pelo príncipe em decorrência do espírito gozador do amigo desbocado e extravagante. Nascido em Lisboa em 1791, filho de uma empregada doméstica com o patrão, um visconde, Chalaça viveu em um seminário até 1807, de onde saiu para acompanhar a fuga da família real ao Brasil. Precursor do "jeitinho brasileiro", conseguiu um cargo de faxineiro para integrar a expedição rumo ao Novo Mundo. No Rio de Janeiro, montou uma barbearia, onde exercia também a função de dentista, como era comum à época. Logo se uniu a Maria Pulquéria, conhecida pelo hilário apelido de Maricota Corneta, dona de uma hospedaria mal-afamada. Chalaça tinha uma vida boêmia e livre, e isso encantava de certa forma o príncipe. Os dois se tornaram amigos íntimos, como se reconhecessem no outro uma alma gêmea.

Avesso às rodas dos nobres e poderosos, Dom Pedro não tinha paciência para as regras de etiqueta. Seu francês, idioma obrigatório nos salões sofisticados, era sofrível. Ele preferia mil vezes jogar conversa fora com os serviçais e as pessoas simples que encontrava ao caminhar pelas ruas, como se fosse um cidadão comum. Nesse ambiente, em que se sentia inteiramente à vontade, deixava aflorar seu lado alegre e galhofeiro. Para os estrangeiros que visitavam o país, aquele excesso de informalidade soava exótico demais, chegando a um grau de vulgaridade inaceitável para um nobre. Um desses estrangeiros deixou registrado o espanto com uma cena que testemunhou:

> Um sujeito esquisito e pouco cerimonioso, pertencente à classe baixa, contou-lhe uma anedota com o desembaraço e a familiaridade com que falaria com um conhecido qualquer, e, no final, o imperador riu gostosamente da história, sendo acompanhado por todos à sua volta, como se não se sentissem nem um pouco constrangidos por sua presença.

O espírito satírico de Dom Pedro muitas vezes se manifestava também em compromissos oficiais. Certa vez, um rico proprietário de minas marcou uma audiência para pedir algum tipo de favorecimento. Era um homem de baixa estatura, com pouco mais de 1,50m. Tão logo ele se apresentou como João Batista Ferreira de Souza Coutinho, o príncipe não resistiu e disparou: "O nome é bem maior do que a pessoa!". O estilo de vida um tanto desleixado de Dom Pedro se refletia em sua residência, a Quinta da Boa Vista, que se parecia muito mais com uma propriedade rural do que com o castelo de um príncipe. Ali, cercado de animais domésticos, ele não dispensava uma soneca depois do almoço, cujo cardápio costumava ser bastante simples – arroz, batata e carne assada.

Uma das atitudes mais constrangedoras de Dom Pedro era o olhar de "analista" que ele lançava sobre toda mulher que se aproximava. Não importava idade, aparência, estado civil, condição social: ele percorria o corpo feminino dos pés à cabeça, sem disfarce. Quando gostava do que via, não deixava de soltar um galanteio, mesmo que o marido estivesse ao lado. Afinal, ele podia tudo por ser o príncipe – ainda que, como definiu um dos muitos estrangeiros que deixaram relatos das visitas feitas ao Brasil nessa época, fosse um príncipe "com modos de moço de estrebaria".

Era exatamente esse olhar, elevado à enésima potência, que ele lançara sobre Domitila naquele final de tarde em que se conhece-

33

ram. Ela correspondia com olhares e sorrisos igualmente insinuantes. Por tudo o que o amigo Chico havia falado da irmã e pela empatia imediata que surgiu entre os dois no primeiro encontro, Dom Pedro sabia que aquela conquista já estava praticamente assegurada – consumá-la seria só uma questão de oportunidade. Além da mesma idade, os dois tinham o mesmo ardor. Ambos perceberam de imediato que formavam uma boa dupla. Indiferentes à presença dos escravos, a conversa foi ganhando malícia, com jogos de palavras de dupla conotação. Sentindo-se consumir internamente pelos olhares cobiçosos de Dom Pedro, Domitila não conseguia disfarçar o arfar nervoso do peito.

O fato de dar tanta atenção a Domitila e o de deixar-se encantar por ela em meio às turbulências que enfrentava eram simbólicos do ímpeto conquistador de Dom Pedro. Aquele ano de 1822 estava especialmente conturbado do ponto de vista político. Começou com sua decisão de permanecer no Brasil – o célebre "Dia do Fico", 9 de janeiro. Ao contrariar a intimação da corte portuguesa para que voltasse à Europa, Dom Pedro se deixou influenciar pelo sentimento de que àquela altura já era mais brasileiro que português. Mas também pelo receio do espírito revolucionário que ganhava corpo em diversas províncias do Brasil. A decisão de permanecer no país desencadeou o processo de rompimento que levaria à declaração de Independência em 7 de setembro. Ao longo de todo esse delicado processo, Dom Pedro contou com o apoio irrestrito da esposa, Maria Leopoldina, que compreendia com clareza a importância do momento histórico. Leopoldina incentivou Dom Pedro a colocar-se ao lado da causa brasileira e tentava influenciar outras pessoas do gabinete sobre a pertinência da escolha.

Como era tradição entre os nobres, a união com Leopoldina resultava de um casamento por conveniência. Com pele muito clara, loira de olhos azuis e cabelos ondulados, Leopoldina não era exatamente uma mulher bonita – o historiador Alberto Rangel foi cruel ao defini-la como uma "louraça feiarrona", com o "grosso pescoço das vienenses, um quê de corcunda e beiços polposos dos Habsburgo". A dinastia Habsburgo reinou na Áustria de 1281 até 1918 – o mais longo período no poder de uma família em toda a história. Essa longevidade deveu-se em grande parte justamente à política de casamentos estratégicos. Sob esse ponto de vista, a união com os Bragança na América abria para a Áustria uma importante área de influência no Novo Mundo.

As princesas dos Habsburgo eram educadas desde meninas para se tornarem boas esposas. Sabiam que seria preciso fazer sacrifícios pessoais em nome dos interesses do Estado austríaco. O conformismo com a impossibilidade de decidir sobre o próprio destino era parte dessa preparação, como fica evidente numa carta que Leopoldina recebeu certa vez da irmã mais velha, Maria Luísa, casada com Napoleão: "Não imagines o futuro demasiado belo. Nós que não podemos escolher não devemos nem olhar para as qualidades do físico nem para as do espírito – quando as encontramos é sorte. A consciência de ter cumprido o dever é a única e verdadeira felicidade". Leopoldina perdeu a mãe muito cedo e, sob os cuidados da madrasta, Ludovica, recebera uma educação primorosa – dominava quatro idiomas com perfeição. Ludovica era amiga do escritor Johann Goethe, com quem a enteada conviveu na infância durante as férias de verão. A princesa também foi amiga do compositor Franz Schubert, seu companheiro no coro da igreja.

Decidida a exercer da melhor forma o papel de imperatriz em um país distante e desconhecido, Leopoldina empenhou-se, tão logo soube com quem casaria, em aprender português e a conhecer profundamente tanto a história de Portugal quanto a do Brasil. Tentava enxergar o lado bom do que o destino lhe reservara. Fascinada por mineralogia e botânica, estava entusiasmada com as possibilidades de pesquisa que a mudança lhe traria. Foi com esse otimismo que ela desembarcou no Rio de Janeiro em novembro de 1817, aos 19 anos, rodeada por macacos e papagaios que trouxera da ilha da Madeira. Comunicativa e simpática, causou uma boa impressão inicial em Dom Pedro, mesmo não sendo bela. E a recíproca foi verdadeira, conforme Leopoldina descreveu à irmã: "Estou unida já há dois dias com o meu marido, o qual não somente é belo, mas bom e sensato. Sinto-me bastante feliz".

Com a intimidade de quem compartilhava tudo com a irmã, Leopoldina fez até uma confissão indiscreta: estava cansada não apenas pelas festas de recepção. "O meu querido esposo não me deixa dormir", contou. Dom Pedro era, de fato, reconhecido por ser um homem quase insaciável, capaz de sair do encontro com uma amante e ter na sequência um desempenho satisfatório com a esposa, ou vice-versa. Surpresa com a voluptuosidade do príncipe e deixando-se envolver pelo clima de sensualidade dos trópicos, Leopoldina se esforçava para liberar seu lado libidinoso, embora esbarrasse em certos limites de sua educação conservadora. Ainda assim, tentava satisfazer os desejos do marido em nome dos interesses da família. O que Pedro pedia na cama, ela mostrava-se disposta a aprender.

Mas as coisas não permaneceriam por muito tempo às mil maravilhas. Bastaram seis meses para que o teor das correspondências com a irmã mudasse completamente.

> Ele diz tudo o que pensa, e isso com alguma brutalidade. Habituado a executar sempre a sua vontade, todos devem acomodar-se a ele, até eu sou obrigada a admitir alguns azedumes. [...] Seria perfeitamente feliz se não tivesse de sofrer às vezes o ralhar do meu violento e desconfiado esposo.

Dom Pedro tinha mesmo um comportamento imprevisível, capaz de saltar subitamente da simpatia extrema para a pior grosseria, ou fazer o caminho de volta na mesma velocidade. Costumava dizer o que pensava e agia por impulso. Certa vez, ao visitar a Escola Nacional de Belas-Artes, detestou um retrato seu que encontrou exposto – e não hesitou em destruí-lo ali mesmo, às botinadas. Apareceu, então, na sala o autor da pintura, um senhor já de idade, que se pôs a chorar quando percebeu o que havia ocorrido. Arrependido, Dom Pedro passou a pedir-lhe desculpas insistentemente. Diante dessa verdadeira montanha-russa emocional, não eram poucos os que duvidavam de sua sanidade mental. "O imperador é louco. Se me vierem dizer que ele anda a atirar pedradas pelas ruas, não me causará isso surpresa", chegou a escrever um dos mais respeitados médicos do Império, o doutor Casanova, certamente ofendido por uma das costumeiras grosserias de Dom Pedro.

Talvez uma explicação para a agressividade fosse a carência afetiva. Carlota Joaquina, a mãe de Dom Pedro, nunca disfarçou a preferência pelo caçula, Miguel – com quem, mais tarde, Pedro entraria em conflito pelo trono de Portugal. Já com o pai, ele até mantinha uma boa relação, mas Dom João VI era, na maior parte do tempo, reservado e depressivo. Pedro era o quarto filho do casal, o segundo varão. Com a morte na adolescência do primogênito Antônio, em 1801, tornou-se o segundo na linha de sucessão da avó, Dona Maria I, logo atrás do pai.

Além das atitudes intempestivas do marido, outro motivo de desalento para Leopoldina eram as evidências de que ele mantinha relacionamentos extraconjugais. De fato, o casamento não aplacou nem por uma semana o espírito conquistador de Dom Pedro. Pulando de galho em galho, ele logo engravidou uma de suas amantes, a dançarina francesa Noemi Thierry. Para abafar o caso, que certamente seria um escândalo inoportuno em um momento delicado, ela se casou com um oficial e partiu para Pernambuco. O rapaz assumiu a paternidade da criança, que viria a morrer com poucos meses de vida. O episódio abalou Dom Pedro de tal forma que ele mandou mumificar o corpo da criança e o manteve em seu gabinete até sair do país, em 1831. Só então o bebê foi sepultado.

Como ficou claro no primeiro encontro, Domitila logo seria incluída na extensa lista das conquistas de Dom Pedro. Mas não como mera figurante. O *affair* iniciado naquela conversa de final de tarde ganharia uma importância que nenhuma outra mulher – nem mesmo Leopoldina – conseguiu ter na vida dele: mais que amante, tornou-se também confidente e cúmplice.

Por mais que a atração tenha sido imediata, os dois não ficaram juntos naquela noite. Os pais de Domitila estavam por perto e nem mesmo a honra de receber o príncipe justificaria tamanha permissividade. Ali, sob o mesmo teto da família, nada iria acontecer. Dom Pedro foi devidamente acomodado no quarto de hóspedes. Cinco dias depois, no entanto, ele mandou buscá-la e a recebeu em seus aposentos em São Paulo, nas proximidades da antiga Catedral da Sé. Em meio à noite tempestuosa de 29 de agosto de 1822, tomada por relâmpagos e ventos fortes, o casal pôde consumar a paixão fulminante. A cumplicidade do primeiro encontro se transferiu com intensidade para a cama, em momentos que se tornariam inesquecíveis para ambos. Embora ainda estivesse legalmente ligada ao marido, Domitila se sentia livre e aliviada pelo término daquele casamento sem amor, cuja monotonia ela quebrava com rápidos casos extraconjugais. Conhecer um homem como Dom Pedro, que a desejava – e a possuía – tão intensamente, representava um sopro de vida e esperança. Também ele, apesar da "ficha corrida", percebeu que havia algo diferente ali.

Exatos nove dias adiante, 7 de setembro, Dom Pedro ergueria a espada às margens do rio Ipiranga para proclamar a independência brasileira, um tanto inebriado pela sensação de poder e imortalidade que os apaixonados sentem. "Independência ou morte!", gritou a plenos pulmões, pensando por um instante em como seria bom se Domitila estivesse ali para testemunhar seu gesto heroico e viril. Tão logo diminuíram as turbulências políticas, o novo imperador do Brasil pediu à amante que se mudasse para o Rio de Janeiro, com toda a família. Prometeu que daria um jeito para que "não morressem de fome", conforme escreveu em uma carta. Ela atendeu ao pedido no início de 1823, cerca de seis meses depois do primeiro encontro. Apadrinhadas por Dom Pedro – que cumpriu a promessa de ajeitar as coisas para a família da amante –, Domitila e uma das irmãs logo foram encaixadas como damas do Paço.

Para ajudar Domitila no processo do divórcio, Dom Pedro dobrou a resistência do ex-marido com a oferta do cargo de administrador da feitoria imperial de Piripiri. Felício aceitou sem constrangimento o suborno, mas não se conteve e escreveu uma carta a um parente falando barbaridades da ex-mulher. Por alguma razão, o teor da carta chegou ao conhecimento de Domitila, que contou tudo a Dom Pedro. Furioso, o imperador montou em seu cavalo e partiu, para tomar satisfações, para Piripiri, no meio da noite e sob uma chuva torrencial que fazia lembrar a primeira vez com Domitila. Chegando lá, obrigou Felício a assinar uma declaração afirmando que jamais voltaria a fazer qualquer comentário sobre a "ilustríssima e excelentíssima senhora Domitila de Castro", sob pena de "levar uma surra". Conforme descreveu um cronista da época, ao final da conversa Dom Pedro tripudiou dizendo que Domitila "agora lhe pertencia e que se serviria dela quando e como quisesse", ouvindo em resposta que ela sempre fora *une catin* (significa isso mesmo que você pensou!) e que um dia Dom Pedro também se convenceria disso – observação que levou o príncipe a dar um soco no rival.

Naqueles primeiros tempos de Brasil independente, os padrões éticos eram bastante flexíveis, para dizer o mínimo. Isso se aplicava tanto aos assuntos de interesse público quanto à vida privada. Como se já não bastasse trazer a amante para perto de si, Dom Pedro logo teria um caso com uma das irmãs mais velhas de Domitila – Maria Benedita, então com 31 anos. Movido por seus incontroláveis pensamentos libidinosos, é bem provável que em algum momento Dom Pedro tenha conseguido até fazer com que as duas aceitassem, digamos assim, uma "celebração coletiva".

O resultado é que, no final de 1823, ambas estavam grávidas do imperador. Depois de certo tumulto, a embaraçosa situação ficou bem resolvida. Domitila não guardou mágoas nem do amante e nem da irmã; até mesmo o marido de Maria Benedita, Boaventura Delfim Pereira, logo estaria conformado – especialmente depois de ter sido nomeado para o cargo de superintendente da Fazenda de Santa Cruz. Com o tempo, Pereira esqueceria de vez qualquer ressentimento para se tornar amigo íntimo de Dom Pedro, o que lhe valeria uma nomeação como superintendente das quintas e fazendas imperiais. Era um cargo extremamente compensador do ponto de vista financeiro – menos pelo salário e muito mais porque facilitava a cobrança de propinas.

Domitila, por sua vez, logo seria nomeada primeira-dama da imperatriz – com isso, ironia das ironias, passaria a ficar o tempo todo bem próxima de Leopoldina. Houve até uma solenidade para que a imperatriz recebesse oficialmente a nova acompanhante, com Domitila angelicalmente vestida de branco e ostentando uma grinalda de botões de rosas no cabelo. Era uma situação duplamente conveniente para Dom Pedro, que, de uma só tacada, controlaria melhor os passos da mulher e os da amante – e, além do mais, teria Domitila sempre por perto para eventuais escapadas no meio do expediente. Mas era à noite que o imperador mais se encontrava com a amante – mesmo porque a escuridão era uma aliada essencial para o anonimato que ele precisava nessas ocasiões. O casal raramente ficava junto até o amanhecer, mas muitas vezes Dom Pedro permanecia além da meia-noite e inventava uma desculpa qualquer para Leopoldina.

Com o tempo, essa preocupação ficou cada vez mais desnecessária, pois muitas vezes a imperatriz sequer chegava a questioná-lo. Àquela altura, era quase impossível que Leopoldina não soubesse – ou ao menos desconfiasse – que o marido mantinha um relacionamento com Domitila. Os comentários a esse respeito já estavam mais do que disseminados pelo Rio de Janeiro e preocupavam Dom Pedro, que arquitetava estratégias mirabolantes de dissimulação. "Acho bom tu ires e eu ficar sem ir ao teatro, pois de certo julgarão que tu foste para me veres, e não indo eu hão de assentar que eu não tenho interesse de te ir ver", propôs numa carta à amante.

Uma das marcas registradas do relacionamento entre Dom Pedro e Domitila seria a ardente troca de correspondências, levadas de um ao outro por emissários de confiança. Ele introduzia as cartas sempre de forma carinhosa e possessiva: "Meu amor do meu coração", "Meu único pensamento", "Meu tudo". Ambos usavam codinomes – a exemplo de "Demonão" e "Titília" –, muito mais como jogo amoroso do que propriamente pelo receio de serem descobertos, já que o teor das cartas não deixaria dúvidas sobre a autoria. Além dos olhares que trocavam em público, a meteórica ascensão da jovem na hierarquia imperial era um indício muito forte de que havia um relacionamento entre os dois. Em outubro de 1825, Domitila recebeu o título de viscondessa de Santos "pelos serviços que prestara à imperatriz", conforme dizia o decreto. No ano seguinte, foi elevada a marquesa de Santos.

O plano inicial de Dom Pedro era manter o caso em segredo, e assim foi feito nos primeiros tempos. Mas os seus conselheiros mais próximos, vários deles cúmplices das pretensões de Domitila de conquistar mais poder, argumentavam que ter uma amante não apenas era normal para qualquer homem saudável como também daria maior prestígio ao imperador. Para convencê-lo, chegaram a providenciar crônicas sobre as aventuras sexuais dos reinados de Luís xiv e Luís xv na França. Até que chegou o tempo em que Dom Pedro passou a se exibir sem pudor ao lado da amante. E não apenas isso. Cobria Domitila de presentes caros e luxuosos, atitude que justificou numa das cartas, escrita em seu pitoresco linguajar: "Convindo ao meu decoro que mecê sempre apareça diferente no teatro todos estes três dias, aí vai o colar de ametistas". Em contrapartida, a relação com Leopoldina se deteriorava mais e mais. Dom Pedro passou a controlar os mínimos gastos feitos pela esposa. Nomeou um homem de confiança, Plácido Pereira de Abreu, para ser o rigoroso tesoureiro da imperatriz, encarregado de administrar sua mesada, cada vez mais escassa.

Enquanto Dom Pedro comprava uma chácara e um sobrado para Domitila, Leopoldina escrevia a comerciantes e agiotas pedindo empréstimos para dar conta de suas despesas pessoais e empreender as obras sociais que considerava parte da sua função como imperatriz. Numa dessas cartas, chegou a escrever: "Perdoai o mau papel, mas a miséria chegou a esse ponto". A ambiguidade de toda essa situação atingiu o ápice em dezembro de 1825, quando Dom Pedro teve dois filhos na mesma semana – um de Leopoldina, outro de Domitila. Para aumentar ainda mais a confusão, ambos foram batizados com o nome do pai. Pedro de Alcântara, futuro Pedro II, filho de Leopoldina, nasceu no dia 2. Pedro de Alcântara Brasileiro, filho de Domitila, no dia 7.

O ano seguinte, 1826, seria de muitas tristezas para Leopoldina. A primeira filha de Domitila com Dom Pedro, Isabel Maria, nascida dois anos antes, foi publicamente reconhecida pelo imperador, com direito a uma festa frequentada pela nata da corte. Leopoldina, obviamente, não compareceu. Duas semanas depois, a menina foi oficialmente apresentada à imperatriz, já com o título de duquesa de Goiás. A partir dali, por ordem de Dom Pedro, passou a frequentar diariamente o palácio para receber a mesma educação das irmãs, Maria da Glória e Paula Mariana.

Domitila enriquecia não apenas pelos presentes que ganhava de Dom Pedro ou pelas pensões às quais os títulos de nobreza dela e da filha Isabel Maria davam direito, mas também pelo tráfico de influência que exercia abertamente. Logo se tornou de conhecimento geral que a amante do imperador intermediava negociações e que o melhor canal para conseguir vantagens era agradá-la com presentes e propinas. Dom Pedro não era ingênuo a ponto de ignorar tudo isso, obviamente. É que, para ele, Domitila estava acima do bem e do mal. Se um ministro fizesse algo que a desagradasse, por exemplo, era sumariamente demitido. Ela se tornara em pouco tempo a pessoa mais influente e poderosa entre todas as que cercavam o imperador. Um diplomata sueco sintetizou em duas frases os fatos que todos percebiam e que tanto escandalizavam os estrangeiros: "A paixão do imperador por essa pessoa é tão extrema que ele parece fechar os olhos sobre tudo o que exigem a moral e os bons costumes. Ela tudo dirige e não se incomoda, para enriquecer, de tirar partido de sua influência".

Enquanto Domitila chegava ao auge de seu poder, a saúde da imperatriz tornava-se mais e mais frágil – até ficar irremediavelmente abalada durante uma viagem à Bahia, em que teve que suportar a presença da amante do marido. Quando chegaram a Salvador, o cúmulo das humilhações: Dom Pedro e Domitila se hospedaram no Palácio do Governo, enquanto a imperatriz e a filha mais velha, Maria da Glória, foram alojadas em outro prédio. Embora sofresse profundamente com situações como essa, Leopoldina não via alternativa a não ser aceitar tudo aquilo com submissão. Andava cada vez mais desleixada, com cabelos em permanente desalinho e roupas incompatíveis com as de uma imperatriz. Depressiva e pálida, passava horas chorando no quarto escuro, com as cortinas fechadas.

No dia 2 de novembro de 1826 morreu o pai de Domitila, João de Castro Canto e Melo, aos 86 anos. Dom Pedro deixou de lado quaisquer outros compromissos e responsabilidades para ficar ao lado da família dela durante dois dias e duas noites, inicialmente à espera do último suspiro do patriarca e depois para ajudar nas providências do velório e do enterro. Sentindo-se humilhada pela ausência do marido, Leopoldina fez um escândalo. Mandou um recado ao pai, dizendo-se infeliz e pedindo para voltar à Áustria. Ao mesmo tempo, arrumou as malas e anunciou que iria se internar em um convento à espera do resgate. Quando soube do que estava acontecendo em casa, o imperador voltou para tentar administrar a confusão. Mas não deu certo: ele e Leopoldina discutiram feio.

Tomada pela nostalgia da infância feliz, a imperatriz vivia a maior parte do tempo reclusa. Os vestidos luxuosos que trouxera da Europa e os apetrechos para os estudos da natureza continuavam empacotados. Ela não lembrava em nada a moça cheia de vida e de planos que chegara ao Brasil apenas nove anos antes.

Alimentava-se mal e enfraquecera ainda mais depois do difícil parto do príncipe Pedro, 11 meses antes. Nem a descoberta de que estava novamente grávida foi suficiente para animá-la. Acometida por uma insistente febre, de origem indefinida, a imperatriz definhava dia após dia.

Mesmo com o agravamento da doença da esposa, Dom Pedro partiu para o Sul do país. O objetivo da viagem era vistoriar e motivar as tropas do Exército imperial, que se concentravam na região para enfrentar as Províncias Unidas do Rio da Prata na disputa pela Província Cisplatina, correspondente ao atual território do Uruguai. Durante a viagem, o imperador se mostrou menos preocupado com a saúde de Leopoldina e mais em permanecer na memória de Domitila, a quem escreveu: "Tu existes e existirás sempre em minha lembrança, e não passa um momento que meu coração me não doa de saudades tuas".

No dia 2 de dezembro, terceiro mês de gravidez, Leopoldina abortou espontaneamente a um feto do sexo masculino. Seu quadro a partir daí se agravou a ponto de exigir o acompanhamento em tempo integral de uma junta de médicos, que testemunhava impotente a evolução da misteriosa enfermidade. Domitila era uma das presenças mais constantes ao lado do leito da imperatriz, o que certamente contribuía para agravar seu estado. Em meio ao delírio causado pela febre, Leopoldina dizia o nome da rival com expressão de horror, como se estivesse diante de uma assombração – até que a marquesa de Aguiar, fiel amiga e confidente da imperatriz, decidiu expulsar a marquesa de Santos e proibir sua entrada no quarto. Foi apoiada nessa decisão por ministros que até então bajulavam a amante do imperador, mas haviam mudado de atitude diante da comoção popular com a doença de Leopoldina.

Sem mais forças para lutar contra a infecção generalizada que a acometera, a imperatriz morreu no dia 11 de dezembro de 1826, aos 28 anos, longe do marido e sem ter realizado o sonho de um dia voltar ao país natal. Grande consternação percorreu o Rio de Janeiro

Dom Pedro I e marquesa de Santos (1822-1829)

com a notícia. A interpretação geral foi a de que a imperatriz sucumbira à tristeza causada por tantas frustrações e humilhações. Alguns dias antes da morte de Leopoldina, o marquês de Paranaguá já havia escrito a Dom Pedro para preveni-lo sobre o sentimento predominante na capital: "Não devo ocultar a Vossa Majestade que para aumentar a nossa inquietação o povo murmura e muito sobre a origem da moléstia, querendo atribuí-la a causas morais e não físicas".

Levantou-se uma onda de indignação contra Domitila, considerada culpada pelo trágico acontecimento. Circularam panfletos anônimos com acusações de corrupção contra a marquesa de Santos e alguns dos ministros. Um desses panfletos chegava a acusar o médico da família de ter envenenado a imperatriz a mando da amante de Dom Pedro. Tudo isso ocorria na ausência do imperador, que só retornaria à capital no dia 15 de janeiro de 1827, mais de um mês depois da morte da esposa. Para tornar a situação ainda mais delicada, Domitila logo descobriria estar mais uma vez grávida.

A essa altura, um novo boato ganhara as esquinas: o de que Leopoldina morrera em decorrência de um espancamento. Segundo essa versão, ela apanhara do marido por ter se negado a assumir a regência enquanto ele faria a viagem ao Sul do país. Os pontapés recebidos na ocasião teriam originado as complicações que a levaram à morte. Um detalhe ainda mais cruel dessa versão é que Dom Pedro teria batido em Leopoldina diante de Domitila – ao menos é o que se pode concluir de um trecho da carta à irmã que a imperatriz ditou, já no leito da morte, à marquesa de Aguiar:

> Há quase quatro anos, minha adorada mana, como vos tenho escrito, que por amor a um monstro sedutor me vejo reduzida ao estado da maior escravidão e totalmente esquecida do meu adorado Pedro. Ultimamente acabou de dar-me a última prova de seu total esquecimento, maltratando-me na presença daquela mesma que é a causa de todas as minhas desgraças. Muito e muito tenho a dizer-vos, mas me faltam as forças para me lembrar de tão horroroso atentado que será sem dúvida a causa da minha morte.

A referência a "quatro anos" coincide com o momento em que Dom Pedro conhecera Domitila.

Por mais que demonstrasse tristeza pela perda de Leopoldina, Dom Pedro retornou ao Rio de Janeiro tomado também pelo ódio contra aqueles que maltrataram a amante durante sua ausência. Ela relatara, nas correspondências que trocaram, uma série de situações em que se sentiu ultrajada – como no episódio em que fora expulsa do quarto da imperatriz pela marquesa de Aguiar. Um dos primeiros atos de Dom Pedro foi demitir três ministros denunciados por Domitila.

O mais irônico de tudo isso é que a morte de Leopoldina acabou finalmente afastando os amantes. Domitila cultivava a esperança de se tornar a nova imperatriz, casando-se oficialmente com o viúvo. Mas essa alternativa não passava pela cabeça de Dom Pedro, pois ele tinha plena noção do repúdio da população pela ideia. Além do mais, algo na relação entre os dois havia mudado com a morte da imperatriz. Dom Pedro parecia sentir remorsos. Certa ocasião foi visto chorando abraçado ao retrato de Leopoldina. Ele estava vulnerável também pela perda do pai, alguns meses antes – Dom João VI morrera aos 59 anos, de indigestão, depois de comer exageradamente em um jantar.

Em meados de 1827, o imperador deixou claro à amante que pretendia se casar novamente, e que não seria com ela. Mas Pedro vivia em conflito entre o que parecia certo e o que seu coração desejava. Nesse período, ao encerrar uma carta a Domitila, ele desenhou o nome de ambos sobrepostos e escreveu ao lado: "Sempre assim existiremos. Vire o mundo o que virar em nós não faz brecha". Em setembro, com a guerra contra os portenhos provocando abalos consideráveis nas finanças do Brasil, Dom Pedro anunciou que doaria ao Tesouro um mês da dotação à qual tinha direito e emprestaria ainda metade de sua renda vitalícia. O valor apurado não faria grande diferença para o caixa da guerra, mas o objetivo do imperador era dar o exemplo, esperando que os homens ricos do país fizessem o mesmo. Quase ninguém demonstrou tamanho desprendimento. Uma exceção foi justamente a marquesa de Santos, que anunciou, em carta publicada no *Diário Fluminense*, a doação de um conto de réis e o empréstimo de quarenta mil-réis por mês enquanto durasse o conflito.

Seria uma tentativa desesperada de convencer o amante e a opinião pública de que ela era digna da condição de imperatriz? Àquela altura, Dom Pedro já havia determinado que fosse iniciada a busca por uma noiva nas cortes da Europa. Ele permanecia irredutível na decisão de casar outra vez com uma nobre europeia. Não estava sendo fácil encontrar uma candidata, contudo. O emissário enviado para as sondagens, o marquês de Barbacena, voltava sempre com más notícias. A escabrosa história do imperador brasileiro e sua amante corrupta havia corrido o mundo e nenhuma família nobre – nem mesmo as de segundo escalão – queria se sujeitar ao risco de reviver a humilhante situação enfrentada por Leopoldina.

Dom Pedro se convenceu de que era preciso se afastar definitivamente de Domitila para recuperar parte de sua credibilidade e encontrar uma boa noiva. Ele mandou avisar às famílias reais europeias que seria um marido exemplar e não repetiria os erros do passado. Ainda assim, Barbacena continuava descrevendo um panorama desolador: "Princesas só há presentemente na Alemanha, porque as da Itália se recusaram; na França, Grã-Bretanha e Rússia não há; na Dinamarca, são horrendas; e o parentesco da Suécia não convém."

Dom Pedro pediu a Domitila que deixasse o Rio de Janeiro o quanto antes – essa seria a única maneira de demonstrar publicamente que a relação havia chegado ao fim. "Não a estou abandonando por fastio ou mau humor, mas sim por convicção e dever", escreveu em uma de suas cartas. Ao mesmo tempo em que dizia querer o rompimento definitivo, no entanto, Dom Pedro agia com possessividade. Chegou a espionar com binóculo a casa dela – e deu-lhe uma reprimenda: "Mui curto está o teu vestido de chita".

Logo o imperador se meteria em uma briga provocada por ciúmes de Domitila. Durante uma recepção na casa da marquesa, um tenente chamado Francisco de Morais a cortejou abertamente, ignorando – ou fingindo ignorar – a presença de seu célebre amante. Houve uma discussão e Dom Pedro sacou o chicote para castigar o rival, que respondeu com um disparo de pistola. O tiro atingiu um quadro – *A sagração de Doge Mascantoni*, pintado na França em 1553 – que estava pendurado numa parede e havia sido presente de Dom Pedro para Domitila. Quase cem anos depois, ao ser leiloado em 1913, o quadro carregava ainda a marca daquele episódio, conforme descreveu o *Jornal do Commercio*: "Este quadro pertenceu a Dom Pedro I. Tem no lado à direita do observador o sinal de uma bala, resultado de uma cena violenta passada nos salões da marquesa de Santos".

Aos poucos, Dom Pedro foi se convencendo de que não havia saída a não ser o rompimento definitivo com a amante. Em dezembro de 1827, o imperador explicou em uma carta por que não compareceria a um encontro proposto por ela. O texto deixa claro todas as contradições que ele sentia naquele momento.

> Eu te amo; mas amo mais a minha reputação agora também estabelecida na Europa inteira pelo procedimento regular e emendado que tenho tido. Só o que te posso dizer é que minhas circunstâncias políticas atualmente estão ainda mais delicadas do que já foram. Tu não hás de querer a minha ruína nem a ruína de teu e meu país, e assim visto isto, além das mais razões, me faz novamente protestar-te o meu amor; mas ao mesmo tempo dizer-te que não posso lá ir.

A dificuldade para encontrar uma noiva incomodava Dom Pedro, que passou cada vez mais a credenciar tal fato à desconfiança que a proximidade da marquesa de Santos ainda provocava entre as famílias nobres europeias. A relação permaneceu durante algum tempo com encontros fortuitos e cartas que foram ganhando um tom mais formal, quase como uma troca de notícias entre amigos já não tão íntimos. Ele insistia para que Domitila saísse do Rio de Janeiro. Em junho de 1828, ela finalmente se mudou para São Paulo. Dois meses depois, atormentado pela saudade, Dom Pedro escreveu: "O amor que te consagro é inextinguível em mim, e muitas vezes, quando considero a minha solidão, descem lágrimas pela perda da minha querida Leopoldina e por ti". Colocar a amante viva no mesmo patamar da esposa morta, lado a lado numa mesma frase, não deixava de ser uma grande declaração de amor – ainda que ao modo enviesado de Dom Pedro.

Em meio às idas e vindas com o imperador, correram boatos de que Domitila havia se envolvido em São Paulo com um estudante de Direito. Dom Pedro não deixou por menos e encontrou tempo e ânimo para um caso com a modista francesa Clemence Saisset, casada com um comerciante estabelecido na rua do Ouvidor. Clemence viria a ter um filho de Dom Pedro.

Desiludido pela falta de resultados na procura por uma noiva ao longo de quase dois anos, em abril de 1829 o imperador pediu à Domitila que voltasse ao Rio de Janeiro. Estava a um passo de jogar tudo para o alto, casar com ela e enfrentar de peito aberto as inevitáveis turbulências decorrentes da decisão. Mas foi exatamente por esses dias que o marquês de Barbacena chegou com a boa-nova. Assinara um compromisso de casamento com Amélia de Leuchtenberg, filha de Eugênio de Beauharnais, o duque de Leuchtenberg. Filho de Josefina, primeira mulher de Napoleão, Eugênio havia sido adotado pelo imperador francês como se fosse seu filho. Para legitimar o ingresso do rapaz no mundo da nobreza, arranjou-lhe um casamento com a filha do rei da Baviera.

A jovem Amélia, de apenas 16 anos, parecia muito bonita no retrato que o marquês de Barbacena trouxera da Europa. O imperador brasileiro gostou do que viu. Acertado o casamento, seria preciso cumprir a promessa que constava do contrato nupcial: Dom Pedro rompeu de vez com Domitila para ficar à espera da futura esposa. A marquesa de Santos respondeu à decisão do amante com uma carta comovente, em que se dizia abandonada e desgraçada. Nem por isso Dom Pedro mudou de ideia.

Quando Amélia desembarcou no Rio de Janeiro, em outubro de 1829, trajando um vestido cor-de-rosa, Dom Pedro ficou tão impressionado com a beleza da noiva que desmaiou. Talvez numa tentativa inconsciente de compensar os males que fizera a Leopoldina, ele se demonstrou atencioso e dedicado à nova esposa. A lua de mel, na Fazenda da Estrela – onde mais tarde se ergueria a cidade de Petrópolis –, estendeu-se por nada menos que seis semanas. Dom Pedro já não era o mesmo garanhão de antes, mas ainda assim se deliciou com a companhia da jovem esposa.

Amélia tinha personalidade mais forte que Leopoldina e não cometeu o mesmo erro de permanecer isolada no Brasil. No caso da primeira mulher de Dom Pedro, a maior parte das 28 pessoas que a acompanharam no comboio matrimonial logo voltou à Europa. Já Amélia trouxe gente de confiança da Baviera para continuar a seu lado no Brasil. Deu um jeito de se livrar dos antigos criados do marido e o obrigou a se afastar das más influências – como o Chalaça, mandado de volta à Europa.

Em 1830, Dom Pedro parecia outro homem, conforme confessou numa carta a um amigo – escrita no estilo rasteiro de sempre. Dizia ter o propósito firme de não mais procurar outras mulheres, "não só por motivos de religião, mas até porque para o pôr assim [desenho de um pênis ereto] já não é pouco dificultoso". Conclui-se, portanto, que o outrora insaciável Dom Pedro estava ficando impotente, quando mal tinha completado 30 anos. Não poderia haver pior castigo para um conquistador incorrigível – ainda mais tendo ao seu lado uma bela e jovem princesa.

A situação também não estava das melhores no campo político. Naquele ano de 1830, ideias liberais varreram a Europa e chegaram com força ao Brasil, onde Dom Pedro agia de modo cada vez mais centralizador, abusando do poder moderador que ele mesmo instituíra na Constituição de 1824. Tal prerrogativa deveria funcionar

50

como "fiel da balança" em eventuais desentendimentos entre o executivo, o legislativo e o judiciário, mas na prática havia se transformado em carta-branca para o imperador fazer o que bem entendesse.

Um dos principais críticos de Dom Pedro, o jornalista Líbero Badaró, foi assassinado no dia 20 de novembro – e as suspeitas logo recaíram sobre o imperador, embora nada tenha sido comprovado contra ele. Em fevereiro de 1831, Dom Pedro viajou a Minas Gerais e foi hostilizado pela população local. Com o objetivo de demonstrar apoio ao imperador, o partido português organizou uma festa para recebê-lo de volta no Rio de Janeiro, no dia 11 de março. Representantes do partido brasileiro também compareceram em peso e houve um grande conflito, que entrou para a História como a "Noite das Garrafadas".

Com o aumento das tensões, a solução encontrada por Dom Pedro foi abdicar do trono em favor do filho Pedro de Alcântara, futuro Dom Pedro II, então com apenas 5 anos de idade. Assim que escreveu a abdicação, no dia 7 de abril de 1831, Dom Pedro partiu para a Europa em companhia de Amélia, grávida de três meses, e da filha mais velha, Maria da Glória. Os demais filhos ficaram no Brasil. José Bonifácio foi nomeado tutor do futuro imperador e o governo foi assumido por regentes por um período de nove anos – até 1840, quando Dom Pedro II teve a maioridade proclamada, apesar dos 14 anos incompletos.

O período das regências seria especialmente conturbado, com a eclosão de revoltas republicanas em diversas partes do país, das quais a mais significativa foi a Revolução Farroupilha, no Rio Grande do Sul, entre 1835 e 1845. Assim que chegou a Portugal, Dom Pedro lançou-se a uma disputa ferrenha pelo trono com o irmão caçula, Miguel. Organizou um exército e saiu-se vencedor, mas as péssimas condições que enfrentou nos campos de combate cobraram o seu preço.

Dom Pedro contraiu tuberculose e morreu em Lisboa em 24 de setembro de 1834, no mesmo quarto do Palácio de Queluz, em Lisboa, onde nascera quase 36 anos antes. Saudado como defensor das instituições livres na América e na Europa, havia dado constituições às suas duas pátrias e deixado a filha Maria da Glória reinando em Portugal e o filho Pedro II no Brasil. Um currículo e tanto. Ele preparara um testamento que estipulava a divisão igual dos bens entre todos os 14 filhos vivos, nascidos ou não de relacionamentos legítimos. Além de Maria Amélia, a única filha com Amélia, foram sete com Leopoldina, quatro com Domitila, um com Maria Benedita (a irmã de Domitila) e um com Clemence Saisset.

Amélia jamais se casaria novamente. Dedicou-se a obras de caridade até morrer, quase meio século depois do marido – em 1876, aos 64 anos. Já Domitila teve um bom incentivo para superar o fim do relacionamento com Dom Pedro. Ele mandara comprar todos os bens da ex-amante no Rio de Janeiro por valores acima do mercado, o que a deixou em excelentes condições financeiras para recomeçar a vida em São Paulo. Em fevereiro de 1830, seis meses depois do rompimento definitivo com Dom Pedro, Domitila deu à luz Maria Isabel, a última dos quatro filhos que os dois tiveram juntos.

Envolvida gradualmente com a próspera sociedade paulista, Domitila iniciou um relacionamento com o rico brigadeiro Rafael Tobias de Aguiar, um influente líder do Partido Liberal, com quem viria a se casar e ter mais quatro filhos. A união fez com que a marquesa de Santos passasse a desfrutar de grande prestígio na capital paulista. O casal adquiriu um solar luxuoso e ela se tornou uma reconhecida benemérita e anfitriã de personalidades do mundo político e cultural. Ao morrer, em 1867, aos 69 anos, era considerada uma dama sóbria e elegante, que em nada lembrava a mulher que sacudiu os primeiros anos do Brasil independente.

GIUSEPPE E ANITA GARIBALDI
(1839-1849)

Julho de 1839. Quatro anos depois de iniciada, a Revolução Farroupilha alcançaria seu desdobramento mais significativo fora do território gaúcho com a tomada da cidade catarinense de Laguna, um dos principais portos da região Sul do Brasil. Com o Rio Grande do Sul já dominado desde a instalação da República Rio-Grandense, em setembro de 1836, o objetivo do movimento era anexar a província vizinha e avançar depois para o Paraná. Enquanto tentavam ganhar terreno no Sul do país, os farrapos esperavam inspirar outras rebeliões em províncias distantes, como de fato ocorrera na Bahia em 1837, com a eclosão da Sabinada. Se tudo corresse conforme o planejado, as províncias rebeladas formariam uma confederação forte o suficiente para derrubar a monarquia e instalar um regime republicano no país.

Na liderança das tropas responsáveis pela tomada de Laguna estava o italiano Giuseppe Garibaldi, um homem alto e forte, de barba espessa e olhos vertiginosamente azuis, que somava então 32 anos. Giuseppe chegara ao Brasil três anos antes para organizar um braço da Jovem Itália na América do Sul. Tratava-se de um movimento ligado à Carbonária, organização secreta aos moldes da maçonaria, cuja missão era recrutar exilados que estivessem dispostos a voltar à Itália para lutar contra o domínio austríaco.

Amores proibidos na história do Brasil

O primeiro companheiro a aderir à causa apresentada por Giuseppe foi Luigi Rossetti – os dois eram hóspedes da mesma pensão no Rio de Janeiro. Perseguido por suas atividades políticas na Itália, Rossetti havia sido obrigado a abandonar o curso de Direito e escapar para o Brasil, onde ganhava a vida como jornalista. Ele colocou o novo amigo a par de tudo que estava acontecendo no país, incluindo os desdobramentos mais recentes da Revolução Farroupilha. Giuseppe gostou de ouvir as histórias sobre os destemidos gaúchos que desafiavam o poder da monarquia e sentiu grande afinidade por seus ideais.

O italiano acostumara-se a aventuras desde cedo. Filho de um comerciante genovês que possuía uma grande embarcação de transporte de mercadorias, Giuseppe passara dez anos, entre a adolescência e a juventude, viajando pelos portos da Europa. Essa experiência o levou a conhecer profundamente a arte de navegar e deu-lhe certa habilidade para desvendar a alma humana, tamanha a diversidade de pessoas e situações com as quais deparou ao longo desse período.

Foi numa viagem à Rússia, em 1833, quando tinha 25 anos de idade, que Giuseppe conheceu um integrante da Jovem Itália. O movimento defendia a ideia de que apenas uma grande rebelião popular poderia libertar a Itália. Giuseppe se encantou pela atmosfera idealista do movimento e logo passou a integrar seus quadros. No ano seguinte, depois de participar de uma tentativa malsucedida de insurreição em Gênova, ele chegou a ser condenado à morte, mas conseguiu escapar, inicialmente para a França e depois para a Tunísia. Como não poderia voltar ao país natal, recebeu a missão de recrutar adeptos na América do Sul.

No Brasil, tão logo conseguiu reunir 12 companheiros e comprar uma embarcação, a garoupeira que batizou de Mazzini – homenagem ao xará Giuseppe Mazzini, líder da Jovem Itália –, ele partiu rumo ao Sul do país. Iria unir forças com os farrapos, com os quais já entrara em contato, colocando-se à disposição para ajudar. Imaginou que, se a Revolução Farroupilha se tornasse vencedora no Brasil, ele poderia voltar à Itália muito mais fortalecido. Para garantir a sobrevivência do grupo que liderava e financiar seus projetos, Giuseppe decidiu saquear embarcações que encontrasse pelo caminho. Considerava que a revolução era uma causa nobre o suficiente para justificar esse tipo de ação.

Logo no início da viagem, ainda no Rio de Janeiro, a Mazzini interceptou um barco carregado com 25 toneladas de café, que havia sido alugado por um empresário austríaco – justamente a pátria que estava subjugando a Itália – para transportar a produção de uma fazenda que acabara de vender no Sul do país. Giuseppe decidiu, então, afundar a Mazzini e seguir viagem com o barco carregado de café, o qual rebatizou de Farroupilha. A venda do café asseguraria o sustento do grupo por um bom tempo.

Já alinhado às orientações dos líderes da República Rio-Grandense, o Farroupilha partiu rumo ao Uruguai, com a tripulação reforçada espontaneamente por alguns escravos que Giuseppe libertou ao tomar o navio alugado pelo austríaco. Mas as notícias sobre as ações dos corsários já haviam se espalhado. O Farroupilha foi perseguido no litoral uruguaio e houve troca de tiros. Giuseppe foi atingido de raspão no pescoço. Ele e seus homens foram presos, mas, sem acusação formal no Uruguai – afinal, não haviam tido tempo para agir –, todos foram liberados, com a orientação de que retornassem imediatamente ao Brasil.

Com sua grande experiência no mar e seu célebre destemor, Garibaldi logo receberia uma missão de grande importância para as pretensões do movimento farroupilha: liderar a invasão de Laguna. Não seria tarefa fácil, pois, cientes das aspirações dos revoltosos em avançar além das divisas do Rio Grande do Sul, as tropas imperiais passaram a vigiar o mar dia e noite para evitar a chegada dos farrapos a Santa Catarina, a província vizinha. Isso levou Giuseppe a um lance de grande astúcia: construir dois barcos em terra e arrastá-los ao longo de quase 90 km, com a utilização de carretas puxadas por dezenas de bois.

Amores proibidos na história do Brasil

Quando o Farroupilha seguia para Laguna sob o comando de Giuseppe, naufragou no oceano Atlântico. Ele conseguiu se salvar, pois nadava bem, mas 16 dos 70 marujos morreram – incluindo 7 italianos que eram alguns de seus amigos mais próximos. Giuseppe e os demais sobreviventes – Rossetti entre eles – foram resgatados pelo outro navio dos rebeldes, o Seival, comandado pelo norte-americano John Griggs, um mercenário contratado pelos farrapos. Griggs passou a Giuseppe o comando da missão da tomada de Laguna e a viagem prosseguiu. Chegando às proximidades da cidade catarinense, Giuseppe ordenou que a invasão fosse realizada pelo rio Tubarão. Ele havia recebido informações de que o rio permanecia desguarnecido por ser considerado raso demais para tráfego de barcos de grande porte. Mas havia chovido e o nível das águas estava um pouco mais alto que o normal. Valeria a pena arriscar.

Deu certo. Pego de surpresa, o exército do império bateu em retirada às pressas, deixando para trás 17 mortos e 77 prisioneiros, além de uma quantidade considerável de armas e munições. A reação do governo central certamente viria, mas levaria algum tempo para que as tropas se reorganizassem e estabelecessem uma estratégia. Assim, no dia seguinte, 24 de julho, os rebeldes puderam fundar em Laguna, calmamente e com toda a pompa, a República Juliana – nome que eternizaria o mês daquele histórico acontecimento.

Os primeiros dias em Laguna foram de um inusitado sossego para quem, como Giuseppe, estava acostumado a uma incrível sucessão de aventuras. Foi então que ele sentiu o baque da solidão. Lamentava os companheiros perdidos no naufrágio do Farroupilha e sentia falta de uma presença feminina que pudesse lhe afagar o coração em meio àquela vida tão dura. No fundo, Giuseppe era um romântico. Com a morte sempre a rondar-lhe, sonhava encontrar uma boa companheira para estabelecer uma família e, enfim, levar uma vida pacata. Por ora, contudo, cada um dos fios de sua barba estava envolvido na nobre missão de revolucionário.

Obviamente, não seria nada fácil – para não dizer impossível – encontrar uma mulher insensata o suficiente para acompanhá-lo em tantas aventuras.

A dor da solidão era ainda mais intensa porque Giuseppe vinha de uma grande decepção amorosa. Encantara-se por Manuela, sobrinha de Bento Gonçalves, um dos líderes do movimento farroupilha e presidente da República Rio-Grandense. "Manuela dominava absolutamente a minha alma", lembraria Giuseppe muitos anos mais tarde, em sua autobiografia, que teve como *ghost-writer* o célebre escritor Alexandre Dumas, autor de *Os três mosqueteiros*. Giuseppe queria se casar com a moça, mas a família alegou que ela já estava prometida a um primo, filho de Bento Gonçalves. Era mentira. A verdadeira razão para que se opusessem à união era, simplesmente, que todos achavam o italiano aventureiro demais. Admiravam-no em sua bravura e idealismo, mas não era o tipo de homem para quem se deveria entregar uma filha. Que futuro poderia ter Manuela ao lado de Giuseppe? (Ela não se casaria com mais ninguém. Morreu solteira, aos 84 anos, conhecida ainda como a "noiva de Garibaldi").

A bordo do Seival, atracado a algumas centenas de metros da rebentação, Giuseppe pôs-se a observar a cidadezinha de Laguna a distância, com sua luneta. Quem sabe conseguiria encontrar uma companhia para passar o tempo e trapacear a solidão? Ao direcionar a luneta às casas da Barra – a colina à entrada de Laguna que concentrava a maior parte dos moradores do vilarejo –, ele observou uma jovem que, ao menos àquela distância, lhe pareceu atraente. Decidiu, então, que iria até ela. Memorizou alguns pontos de referência e, assim que chegou às proximidades do local em que vira a moça, deparou com um morador com o qual já havia cruzado em outra ocasião. O homem o convidou para tomar um café. Considerando que seria uma boa oportunidade para descobrir algo sobre a moça, ou quem sabe encontrar outra mulher interessante, o italiano aceitou o convite.

Só não imaginava que o homem se encaminharia justamente para a casa que ele havia observado a distância. Quando os dois entraram juntos, a primeira pessoa que surgiu foi justamente a moça. Descobriu que Ana Maria era seu nome, mas todos no vilarejo a chamavam de Aninha do Bentão – referência a seu pai, que morreu quando ela era criança. Como tinha dificuldade para pronunciar o "nh", Giuseppe passou a chamá-la de "Anita". Ela achou engraçado. Nada melhor que um apelido exclusivo e carinhoso para começar um relacionamento.

Relembrando aquela cena muitos anos depois, Giuseppe afirmou que, num determinado momento em que os dois ficaram a sós por breves instantes, olharam silenciosamente um para o outro como se tivessem tido a percepção de que algo grandioso estava acontecendo. A magia só foi interrompida quando outras pessoas chegaram à sala para receber o ilustre visitante. A família inteira era simpática à causa dos republicanos, especialmente por influência de um tio de Aninha, que chegara a ser perseguido por soldados imperiais na cidade de Lages, na serra catarinense.

A visão daquela jovem alta e corpulenta, de apenas 18 anos e longos cabelos pretos, pele escura e rosto ligeiramente sardento, encantou de imediato o revolucionário italiano. Mas ele não deixou de reparar também que o olhar de Anita carregava certa melancolia. Mesmo o seu sorriso era acompanhado por um quê de tristeza, como se estivesse a transmitir-lhe a mensagem de que a dona daquela boca insinuante não era feliz ali e estava suplicando por um resgate.

Terminado o café, Giuseppe falou baixinho, ao se despedir de Anita: "*Tu devi essere mia*". "Tu serás minha", em italiano. Ela provavelmente não compreendeu aquela frase repleta de insolência, mas certamente captou a mensagem pelo olhar penetrante de Giuseppe, muito mais transparente do que qualquer combinação de palavras, em qualquer idioma, poderia ser. Quando ele saiu, Aninha suspirava por ter conhecido um homem tão sedutor, corajoso e másculo. As histórias em torno do herói italiano já eram conhecidas na região. Será que ele estava tão interessado nela quanto parecia ou era só o jeito galanteador? E por que um homem que conhecia o mundo inteiro e devia ter tido inúmeras mulheres iria se interessar por alguém tão sem graça? Só mesmo como uma distração por alguns dias. Logo ele partiria para novas aventuras e se esqueceria dela...

Giuseppe, por sua vez, sentia-se entusiasmado por considerar que a moça havia correspondido a seu interesse. Mas estava em dúvida se, afinal de contas, ela era ou não comprometida. Qual seria a relação entre Anita e Manuel, o rapaz que lhe ofertara o café? Irmãos ou marido e mulher? Isso não ficara claro. Àquela altura, contudo, pouco importava: Giuseppe estava decidido a lutar por Anita, e ponto final.

O italiano não poderia imaginar naquele momento, pois mal havia conhecido Anita e a idealizava como uma moça dócil, mas ela também era boa de briga. Tinha um temperamento inquieto e explosivo, que diziam ter sido herdado do pai. Bentão trabalhava como tropeiro em Lages quando conheceu a mãe de Anita, Maria Antônia. Era uma rotina dura, que o obrigava a se afastar de casa por longos períodos para conduzir o gado pelos caminhos gelados da serra. O casal decidiu tentar a vida em outro lugar, no litoral, onde Bentão pudesse arranjar um trabalho menos penoso e a família sofresse menos com o frio. Partiram, então, para o litoral, e a simpática Laguna foi escolhida como destino. Nascida em 1821, Aninha foi a terceira dos dez filhos do casal.

Quando enviuvou, Maria Antônia começou a ter dificuldades para sustentar a numerosa família. Trabalhava como costureira e contava com a ajuda das filhas. Preocupada com o futuro das meninas, tratou de arranjar casamento para cada uma delas. Não precisava ser um homem rico ou bonito. Bastava ser honesto e trabalhador. Aninha foi prometida para o sapateiro Manuel Aguiar, conhecido como Manuel dos Cachorros, pois gostava tanto dos animais que tinha vários em casa. Os dois se casaram quando Aninha tinha apenas 14 anos. Descendente de açorianos, nascido em Desterro, antigo nome de Florianópolis, Manuel não era dado a demonstrações de afeto. Homem quieto, de hábitos simples, gostava de passar as noites pescando. Aninha esperava que sua vida se tornasse menos monótona quando viessem os filhos, mas ela não ficava grávida. O boato geral era de que Manuel "não dava no couro", como se dizia.

Com a luneta sempre às mãos, Giuseppe passou a acompanhar de longe o cotidiano de Anita, enquanto seguia o planejamento dos próximos passos da revolução. Os dois se viram com frequência ao longo dos dois meses seguintes, pois ele circulava o tempo todo pela cidade. Eram encontros rápidos e quase sempre testemunhados por outras pessoas, incluindo o próprio Manuel dos Cachorros. Mesmo assim, permanecia a intensa troca de olhares. Em certa tarde, quando percebeu que Anita estava saindo de casa para lavar roupas numa fonte próxima à praia, Giuseppe partiu o mais rápido possível para encontrá-la. Ela levou um susto com a chegada do italiano. Apesar do nervosismo, ele se esforçou ao máximo para se fazer compreender, tentando falar em português. Disse que nos próximos dias teria que sair de Laguna para uma viagem, e gostaria muito que ela o acompanhasse. Em outras palavras: estava propondo que ficassem juntos, como marido e mulher.

Vivendo um casamento sem paixão e sem perspectivas, Anita resistia ao máximo aos apelos de Giuseppe. Mas não sabia o que responder. Seu impulso era aceitar o convite e lançar-se a um mundo desconhecido nos braços daquele homem, mas... E a vida que ela deixaria para trás? O marido, as irmãs, a mãe? O que os vizinhos, a cidade inteira diria dela? Angustiada, Anita começou a chorar. Pegando suavemente em suas mãos, Giuseppe repetiu o que havia dito ao final do primeiro encontro: *"Tu devi essere mia!"*. Anita corajosamente decidiu, então, seguir viagem com Giuseppe. Jogaria tudo para o alto em nome de um grande amor. Os revolucionários partiram de Laguna no dia 20 de setembro de 1839, em três navios, rumo ao litoral paulista.

Aquele era um mundo inteiramente novo e fascinante para a moça. Na primeira noite com Giuseppe, ela sentiu a diferença entre a relação insossa que vivia com o marido e um romance de verdade, repleto de paixão e desejo. Assim que se viram a sós na cabine do capitão, a reação inicial foi parecida com a do primeiro encontro: longos segundos de uma intensa troca de olhares. Anita se deslumbrava com a imensidão azul à sua frente – eram olhos quase transparentes a fitá-la com fascinação. Ela estremeceu quando a mão forte de Giuseppe tocou seu ombro desnudo e subiu, insinuante, rumo à nuca. Aproximaram-se para um beijo, que começou suave e tornou-se progressivamente apaixonado e intenso.

O amanhecer trouxe a sensação de que um sonho estava sendo interrompido. A vida tinha que seguir, e os dias que esperavam por Giuseppe e Anita certamente não seriam fáceis. Depois de realizar alguns ataques em mar e terra para retornar a Laguna com uma boa reserva de mantimentos, os navios revolucionários foram localizados e atacados com tiros de canhão por uma embarcação imperial. Um deles, o Caçapava, foi a pique. Já o Seival buscou refúgio numa enseada de Imbituba que costumava ser utilizada como armação de baleias, mas acabou sendo encontrado e cercado. Depois de uma troca intensa de tiros que se estendeu por cinco horas, um oficial inimigo foi atingido e o barco imperial bateu em retirada. Giuseppe e seus comandados puderam então retornar em segurança para Laguna, onde as tropas imperiais certamente não arriscariam uma tentativa de retomada naquele momento.

Anita deixou Giuseppe e os demais homens da tripulação atônitos pela incrível coragem que demonstrou nesse primeiro combate. De carabina em punho, cabelos desgrenhados e aparência ensandecida, transformou-se em uma legítima guerreira, como se estivesse habituada a situações de extremo perigo como aquela. Em meio ao confronto, Giuseppe pediu a Anita que buscasse refúgio no porão do barco. Mas ela nem considerou a hipótese: queria estar ao lado do amado e, se fosse preciso, tombaria a seus pés.

Quando voltou a Laguna, Anita soube que o seu "rapto" pelo pirata italiano era o assunto de toda a cidade. Precisou, então, dizer claramente que havia escolhido seguir aquele caminho e que agora era mulher de Giuseppe. Todos tinham pena de Manuel, o homem traído e humilhado que não pôde evitar que a esposa fosse "roubada" por um forasteiro cercado de armas e capangas mal-encarados. O episódio foi a gota d'água para que os moradores de Laguna demonstrassem que o entusiasmo com a presença dos forasteiros havia definitivamente ficado para trás. Três meses após a recepção festiva pelos lagunenses, a presença dos comandados de Giuseppe havia se tornado indesejável por ali.

A imagem dos revolucionários – e especialmente a do seu líder – ficaria definitivamente arranhada depois do que ocorreria em Imaruí, a 10 km dali. Alguns dias depois do retorno a Laguna, Giuseppe foi informado de que, naquela localidade, um grupo de monarquistas hasteara a bandeira do império, um desafio explícito à autoridade da República Juliana. Giuseppe partiu, então, com seus homens rumo a Imaruí, onde o grupo realizou um saque repleto de violência e desumanidade – praticamente não restou homem adulto na comunidade. Muitos anos mais tarde, Giuseppe assegurou ter feito o máximo naquela ocasião para impedir os exageros de seus homens, mas não conseguiu. "Não tive em toda a minha existência acontecimento que me deixasse tão amarga recordação como o saque de Imaruí", registrou.

Enquanto os homens de Giuseppe se preocupavam em destruir um povoado pacato e inofensivo, que não representava a menor ameaça, o império reorganizava suas tropas para o inevitável e cada vez mais iminente conflito em Laguna. Uma esquadra reforçada, composta por 13 navios, aproximava-se cautelosamente pelo mar, ao mesmo tempo em que mais de 2 mil soldados avançavam por terra. Olheiros de Giuseppe instalados em pontos estratégicos perceberam as movimentações das tropas imperiais e correram de volta para avisá-lo da necessidade de armar a defesa. Giuseppe posicionou os canhões do Seival à espera das embarcações inimigas e montou em terra uma linha com 1.200 atiradores, a maior parte recrutada ali mesmo na região e treinada às pressas. Dirigiu-se, então, com alguns homens de confiança, para o alto de um morro, que lhe proporcionava visão panorâmica, fundamental para definir estratégias e tomar decisões durante o combate. Os rebeldes puseram-se a aguardar o ataque em meio a grande tensão.

Até que chegou o dia do conflito: 15 de novembro de 1839. Por uma dessas coincidências do destino, exatos cinquenta anos depois a República brasileira seria proclamada. Durante o combate, iniciado em torno do meio-dia, Anita ficou com a incumbência de comandar o barco a remo que levava munição ao Seival e retornava à terra com os feridos. Fez a viagem cerca de vinte vezes, sob fogo cruzado. Ao ser descrita pela pena inspirada de Dumas, a cena ganhou contornos épicos, quase sobrenaturais. Enquanto os dois remadores "se curvavam o quanto podiam para evitar balas e bombas", Anita permanecia de pé sobre a popa, "ereta, calma e altaneira como uma estátua de Palas" – referência à filha de Zeus que, de acordo com a mitologia grega, nasceu já adulta, armada e pronta para a guerra.

Após três horas de intensa troca de tiros, percebendo o número de feridos e mortos só aumentando, Giuseppe tomou uma decisão drástica: mandou colocar fogo no Seival e escapou com Anita no bote que ela estava usando. O casal conseguiu se salvar, mas outros não tiveram a mesma sorte. John Griggs, que no Brasil havia ganhado o apelido de João Grandão, teve o corpo cortado ao meio durante o conflito. No final das contas, foram contabilizadas 69 mortes do lado dos republicanos e 17 nas tropas imperiais.

Giuseppe lembraria com carinho e admiração da bravura da amada nesse dia. "A minha Anita era um tesouro, não menos fervorosa que eu pela sacrossanta causa do povo. Ela encarava as batalhas como brincadeiras e as privações da vida do campo como um passatempo", elogiou. Os dois seguiram até Torres, já no Rio Grande do Sul, onde encontraram segurança e sossego em um acampamento provisório à beira-mar. Ali, exaustos mas felizes por estarem vivos e juntos, passaram mais uma noite inesquecível.

Quem vive no fio da navalha tem a sensação constante de que cada momento pode ser o derradeiro. Que talvez seja a última chance de ver as estrelas, ouvir o som do mar, sentir a areia da praia entre os dedos dos pés, encantar-se com o luar que ilumina suavemente o rosto de quem se ama. Giuseppe e Anita viviam sob um inevitável e dramático clima permanente de despedida. Diante do futuro duvidoso, o que importava mesmo era o presente. Os dois se amaram, então, ao ar livre, a céu aberto, tendo como única testemunha o contorno majestoso do Morro da Guarita, cuja visão até hoje encanta os turistas que visitam o balneário gaúcho.

Com o fim do sonho da República Juliana e os indícios de que logo a República Rio-Grandense também não resistiria às forças do império, havia ao menos o prenúncio de uma vida nova para o casal. Mas Giuseppe devia lealdade à revolução e estava decidido a lutar até o fim. Depois da noite em Torres, o casal se juntou às tropas do coronel Teixeira Nunes e começou a subir a serra de volta a Santa Catarina. O destino era Lages, a terra dos pais de Anita. Com forte influência gaúcha em sua colonização, a vila era repleta de simpatizantes do movimento republicano. Giuseppe e Anita chegaram a tempo de assistir à Missa do Galo, no dia 24 de dezembro, na mesma igreja em que os pais dela se casaram.

Não tardaria para que Anita descobrisse que estava grávida. Em meio à confusão em que os dois estavam envolvidos, não era certamente o melhor momento para ter um bebê, mas tanto Anita quanto Giuseppe estavam determinados a amar e proteger a criança sob quaisquer circunstâncias. Permaneceram cerca de um mês em Lages, um período de descanso e tranquilidade que Anita desejou que durasse para sempre. Mas Giuseppe tinha que prosseguir em sua missão.

As notícias davam conta de que tropas legalistas se aproximavam da cidade e o coronel Teixeira Nunes decidiu não esperar pelos inimigos: achou melhor surpreendê-los no meio do caminho. Depois de três dias de cavalgada, os exércitos se encontraram na localidade que ficou conhecida como Capão da Mortandade, região hoje pertencente à cidade catarinense de Curitibanos. Em mais esse grande confronto, do qual participou com a gravidez já começando a aparecer, Anita novamente comandou a logística da tropa, organizando o transporte da munição entre a retaguarda e a linha de frente.

Em meio à troca de tiros, o cavalo de Anita foi atingido e ela foi capturada. Levada ao líder das tropas imperiais, o coronel Melo Albuquerque, a mulher de Garibaldi teve uma surpresa. Em respeito ao fato de estar grávida e principalmente por admirar toda a bravura que a moça demonstrava, o coronel agiu com cavalheirismo e determinou que Anita fosse solta. Vinte anos depois, durante um discurso de recepção a jovens cadetes, o coronel justificou a decisão: "Nossa atitude diante dela era de admiração, pois jamais havíamos imaginado encontrar uma mulher tão valorosa, catarinense, compatriota nossa, dando ao mundo tão sublime prova de valor e intrepidez".

Assim que foi solta, Anita voltou correndo para o campo de batalha. Temendo o pior, procurou o rosto do amado entre os cadáveres empilhados. Tão logo constatou que Giuseppe não estava entre os mortos no conflito, embrenhou-se na mata. Apropriou-se de um cavalo e seguiu para Lages. Nas proximidades do rio Canoas, foi vista por quatro guardas imperiais, que sequer pensaram em pará-la para averiguações. Ao contrário, ficaram paralisados pelo medo. Afinal, uma mulher cavalgando à noite, com longos cabelos e roupa branca esvoaçantes, só podia ser uma assombração.

Quando Anita chegou a Lages, alívio para ambos: ela descobriu que Giuseppe estava bem e vice-versa. Giuseppe desculpou-se por tê-la deixado para trás, mas Anita sabia que ele não teria a menor chance de resgatá-la. A vida seguiria repleta de sobressaltos e aventuras pelos meses seguintes. Quando o casal se deu conta, já era hora de o bebê nascer. Perseguidos pelas tropas imperiais, eles haviam buscado refúgio em São Luís das Mostardas, uma pequena aldeia com não mais do que 50 casas e uma única rua. Foi ali que veio ao mundo o pequeno Domenico Menotti. O menino tinha uma cicatriz no rosto, provável consequência de uma das quedas de cavalo que Anita sofrera durante a gravidez. Quando o menino não havia completado ainda duas semanas, Giuseppe partiu para Viamão com o objetivo de obter mantimentos e agasalhos para a família. Nesse meio tempo, Anita foi informada de que soldados se aproximavam do vilarejo. Ela não hesitou em sair às pressas com o bebê, debaixo de um temporal, para buscar refúgio no meio do mato.

Ficava cada vez mais evidente que o sonho da República Rio-Grandense estava se aproximando do fim. Sem uma missão específica para Giuseppe, os líderes do movimento decidiram liberá-lo. Em reconhecimento pela dedicação, deram-lhe novecentas cabeças de gado. Era, enfim, a oportunidade com a qual Giuseppe sempre sonhara: começar uma vida nova, ao lado da mulher que amava e do pequeno Menotti. Eles partiram para Montevidéu, no Uruguai, conduzindo o gado. A ideia era vendê-lo aos poucos ou todo de uma só vez, caso surgisse um bom negócio. Mas ninguém se interessou e, sem experiência como tropeiro, Giuseppe foi perdendo o patrimônio pelo caminho. O casal chegou ao destino no dia 21 de maio de 1841 com algumas poucas cabeças remanescentes e o pequeno Menotti no colo – ele estava com oito meses.

A capital uruguaia era uma cidade bela e tranquila, com apenas 20 mil habitantes. O lugar perfeito para o recomeço que o casal havia planejado. Anita sentia-se feliz com as perspectivas que se abriam. Nem parecia verdade que, enfim, eles poderiam levar uma vida normal e vislumbrar um futuro. Giuseppe teria um emprego, como qualquer homem, enquanto ela cuidaria de Menotti e dos outros filhos que certamente viriam. O passado ficaria definitivamente para trás.

Giuseppe e Anita logo fizeram amizade com outros estrangeiros, especialmente italianos integrantes da Carbonária, que o ajudaram a conseguir emprego como professor de História e Matemática. Em 26 de março de 1842, Anita e Giuseppe se casaram na igreja de São Francisco de Assis, em Montevidéu. A cerimônia foi muito mais resultado da pressão da dona da casa que o casal estava alugando do que a realização de um plano romântico. Quando soube que aquela união não contava com a indispensável bênção de Deus, a mulher ameaçou despejá-los. Claro que, para realizar o casamento, eles ocultaram o fato de Anita já ser casada com outro homem no Brasil.

O sossego durou pouco, no entanto, pois o espírito revolucionário de Giuseppe não se adaptou àquela vida normal demais. "A República Oriental me ofereceu depressa uma ocupação mais adequada à minha índole. Foi-me oferecido, e eu aceitei, o comando da corveta de guerra Constitución", descreveria Giuseppe. Tratava-se de um dos três navios da então minúscula frota da marinha uruguaia, comprados com dinheiro recolhido de contribuições da população. Nenhum deles havia sido originalmente construído para enfrentar uma guerra – eram todos cargueiros adaptados. Mas os uruguaios estavam à beira de um conflito com a Argentina e, tendo à disposição um homem que fizera fama no Brasil como hábil estrategista, não deixaram a oportunidade passar. Tampouco Giuseppe fugiria de um desafio como aquele – ainda mais recebendo um salário bem melhor que o de professor. Fiel a seus princípios, contudo, Giuseppe abriu mão, em junho de 1844, do cargo de comandante supremo de todas as forças de defesa do Uruguai, menos de três meses após assumi-lo. Pressentiu que se esboçava um acordo de gabinete para pôr fim ao conflito com a Argentina, o tipo de solução que ele considerava ultrajante. Passou a ocupar um cargo menor.

Entre 1843 e 1847, o casal teve mais três filhos em Montevidéu: Rosita, Teresita e Ricciotti. Com a família maior, as dificuldades se multiplicaram – o soldo de Giuseppe era insuficiente para cobrir todos os gastos. Rosita morreria ainda antes de completar dois anos, vitimada por difteria. Nessa fase, em que permanecia em casa enquanto Giuseppe viajava com frequência, Anita passou a ser tomada por crises de ciúmes. E não era à toa: o italiano de fato se aproveitava do fascínio que despertava nas mulheres para conquistar uma legião de fãs espalhadas por todo o Uruguai. Muitas dessas histórias chegavam a Anita. Ela exigiu que o marido cortasse os cabelos longos, pois considerava que esse detalhe contribuía decisivamente para compor a figura que tanto despertava o interesse feminino. Embora sofresse ao imaginar Giuseppe nos braços de outras, Anita evitava colocá-lo contra a parede. Seu grande temor era o de que, sob pressão, ele resolvesse abandoná-la com as crianças.

Chegou então o dia em que Giuseppe anunciou que era tempo de retornar ao seu país. Em se tratando do aventureiro italiano, entretanto, não poderia ser uma volta qualquer. Ele estava decidido a honrar a missão que o havia levado ao Brasil mais de dez anos antes: libertar a Itália. Anita e os filhos foram na frente – embarcaram para a Europa em dezembro de 1847 e chegaram em março de 1848 a Nizza (antigo nome de Nice, hoje pertencente à França), onde ficaram hospedados na casa da mãe de Giuseppe, Rosa. Naquele mesmo mês, ele partiu de Montevidéu a bordo da embarcação Speranza, com 62 companheiros dispostos a lutar na Itália. Chegou em junho.

A saudade falou alto nesses seis meses de separação, tanto para ela quanto para ele. Giuseppe escreveu, numa carta à amada:"Não quero nada mais do que partir para a Itália para saborear teus deliciosos abraços. Não te esqueças desse teu filho da tempestade e pensa em teu amante fiel." Se restava alguma dúvida sobre a profundidade do sentimento que os ligava, a distância fez com que Giuseppe e Anita tivessem certeza de que haviam mesmo nascido um para o outro.

Já em solo italiano, Giuseppe recrutou mais homens e partiu para Gênova com 169 companheiros. A tropa revolucionária ia

68

Giuseppe e Anita Garibaldi (1839-1849)

sendo calorosamente recebida pelo povo por onde passava. Quando chegou a Brescia, no final de julho, o número de adeptos já beirava os 6 mil, todos dispostos a lutar – e a morrer, se fosse preciso – pela causa da independência italiana. Deixando as crianças aos cuidados da avó, Anita fez questão de se juntar ao marido quando pôde, mesmo estando mais uma vez grávida. A essa altura, não era só o idealismo que a movia. Ela sabia que o único jeito de evitar as conquistas femininas do marido era permanecer ao lado dele. Giuseppe não estava tendo muito tempo para pensar nisso, contudo. Sua perseguição pelos austríacos se tornava cada vez mais implacável e ele estava a um passo de ser capturado.

Pouco depois de se juntar ao marido, Anita adoeceu. Sentia dores no estômago, tinha febre alta e sede persistente. Companheiros de Giuseppe sugeriram que ele se separasse de Anita, pois a doença dela diminuiria a mobilidade do líder revolucionário. Ele não aceitou deixá-la para trás e afirmou que continuaria ao lado dela, ainda mais naquele momento de fragilidade.

As dificuldades se sucediam. Remadores contratados por Giuseppe literalmente abandonaram o barco quando descobriram de quem se tratava, pois o general austríaco Gorzkowski havia prometido punição a quem ajudasse ou acobertasse o célebre fugitivo. Piorando hora após hora, Anita foi levada para descansar em uma casa simples, cujos proprietários não negaram acolhida àquela mulher tão doente. Ali, ela chegou a ser atendida por um médico, chamado às pressas. Mas a febre não cedia e Anita já delirava, sem noção do que ocorria ao redor.

Era início da noite de 4 de agosto de 1849 quando Anita morreu. Tinha apenas 28 anos e estava grávida de seis meses. Ajoelhado ao lado da cama, Giuseppe chorou desesperadamente quando percebeu que o coração da amada deixara de bater. O mais cruel é que sequer haveria tempo para absorver o impacto e se despedir adequadamente. Vizinhos alertaram que os austríacos estavam se aproximando. Era preciso continuar a fuga. Giuseppe pediu que enterrassem Anita nas proximidades e colocassem algum tipo de marca sobre a sepultura para que, mais tarde, ele pudesse identificar o local. Jurou que viria buscá-la assim que possível.

As pessoas da casa contrataram dois homens para fazer o enterro no meio da noite, no alto de um morro próximo. Temerosos de um flagrante pelos austríacos – e com receio de serem contaminados pela doença misteriosa que matara a mulher –, os homens fizeram uma cova rasa e finalizaram o trabalho o mais rápido possível. Quase uma semana depois, três garotos brincavam no local com um cachorro, que farejou o corpo e cavoucou a terra. Apareceu uma mão, já em processo de decomposição. Apavorados, os garotos pediram socorro. A polícia foi avisada e, devidamente identificado como sendo o da revolucionária Anita Garibaldi, o corpo foi enterrado no cemitério de Mandriole.

Dez anos depois, em setembro de 1859, com a Itália já praticamente unificada e Giuseppe reconhecido como herói nacional, ele voltou à localidade para buscar os restos mortais de Anita, conforme havia prometido aos pés do último leito da amada. Estava acompanhado dos filhos Ricciotti, então com 12 anos, e Teresita, de 14. Passou por diversas cidades em clima de grande comoção popular, até chegar a Nizza, sua cidade natal, à época ainda pertencente à Itália. Anita descansaria ao lado da sogra, Rosa, que a recebera tão bem na chegada à Itália. Mais de sete décadas depois, em 1931, Benito Mussolini determinaria a transferência dos restos da chamada Heroína dos Dois Mundos para Roma.

Protagonista de uma história de amor tão intensa, Giuseppe seria vítima de uma trapaça do destino. Em 1860, aos 52 anos, ele se casou com uma jovem de apenas 18 anos, a marquesa Giuseppina Raimondi. Mas descobriu logo depois que ela estava grávida – de outro homem, um oficial da cavalaria. Começou ali um processo de anulação do casamento que se arrastaria por nada menos que vinte anos, até ser concluído por interferência do papa a favor de Giuseppe. Ele pôde, então, se casar oficialmente com a governanta,

Francesca Armosino, com quem tinha tido três filhos. Giuseppe morreu dois anos mais tarde, aos 75 anos.

Em suas memórias, ele afirmou nunca ter superado o remorso por ter tirado Anita de "sua pacífica cidade natal para cenas de perigo, fadiga e sofrimento". E de provavelmente ter acabado com a vida do marido dela, Manuel dos Cachorros, sobre quem nunca mais se teve notícias. Giuseppe registrou para a posteridade:

> Se houve culpa, foi inteiramente minha. E... houve culpa! Sim! Se uniam dois corações com amor intenso e se destruía a existência de um inocente! Ela está morta, eu, infeliz, e ele, vingado. Sim, vingado! Conheci o grande mal que fiz quando, esperando ainda fazê-la voltar à vida, tomava o pulso de um cadáver e chorava o pranto da angústia. Errei grandemente e errei sozinho!

Em seu favor pode-se argumentar, ao menos, que nenhum grande amor deve ser considerado um erro.

Joaquim Nabuco e Eufrásia Teixeira Leite
(1873-1889)

A primeira viagem de Joaquim Nabuco à Europa foi reveladora e marcante, em vários sentidos, para o futuro líder abolicionista. Era agosto de 1873. Recém-formado em Direito, o rapaz de 24 anos embarcou com a doce perspectiva de dedicar um ano inteiro exclusivamente aos prazeres da vida, sem nenhum compromisso com trabalho ou estudo – e sem a menor preocupação de economizar. Dispunha do dinheiro resultante da venda de um engenho herdado da madrinha e contava com o apoio irrestrito do pai, José Thomas Nabuco de Araújo, político influente em Pernambuco e proprietário de grandes extensões de terras. José Thomas considerava a experiência importante para a formação do filho e não pouparia esforços para sustentar a permanência do rapaz na Europa. "O que eu queria era ver todas as vistas do globo, tudo o que tem arrancado um grito de admiração a um viajante inteligente", lembraria Joaquim, muitos anos mais tarde, ao reviver a expectativa para a aventura.

Sua vida já começaria a mudar logo no primeiro dia a bordo do navio Chimborazo. Foi quando ele conheceu a bela Eufrásia Teixeira Leite, um ano mais nova e integrante de uma família ainda mais rica que a dele. Muito mais rica, na verdade. Eufrásia era neta do barão de Itambé pelo lado paterno, do barão de Campo

Belo pelo materno e sobrinha do barão de Vassouras – a cidade, a 100 km do Rio de Janeiro, onde a jovem nascera, uma das mais prósperas do país à época graças à cafeicultura.

Depois das mortes do pai e da mãe, ocorridas com poucos meses de distância uma da outra, Eufrásia e a única irmã, Francisca, cinco anos mais velha, estavam de mudança para Paris. As duas haviam recebido uma grande fortuna como herança e decidiram morar na Europa, tendo muito mais do que o necessário para desfrutar de conforto e luxo pelo resto da vida. O pai de Eufrásia e Francisca, o advogado Joaquim José Teixeira Leite, já nascido em berço esplêndido, fez crescer a fortuna da família emprestando dinheiro a empreendedores do café e cobrando uma boa taxa de juros. Era um especialista no mercado financeiro e ensinou muito do que sabia às filhas – sobretudo a Eufrásia, que tinha mais tino para os negócios. Depois de ficar viúvo e pressentindo a proximidade da morte, ele reforçou as orientações sobre como não apenas manter, mas multiplicar o patrimônio. Assim, Eufrásia estava se mudando para Paris com uma estratégia de investimentos bem definida: iria adquirir ações de empresas promissoras, das mais diversas nacionalidades e setores da economia, e esperar pela valorização da maioria delas.

Cheios de horizontes e embalados pelo romantismo de um barco a deslizar sobre o oceano rumo à Europa, foi quase inevitável que Eufrásia e Joaquim se deixassem encantar um pelo outro. Quem os visse juntos, conversando baixinho e trocando olhares, logo constatava o belo casal que formavam. Com 1,87m de altura e sempre elegantemente trajado, Joaquim tinha cabelos muito pretos e levemente ondulados, além do grande bigode que era a sua marca registrada, e fazia sucesso entre as mulheres. Já Eufrásia, com seus expressivos olhos negros, sobrancelhas grossas e boca em formato de coração, gostava de usar o cabelo preso em coque para ressaltar o pescoço alongado e o colo arrebatador, moldado pela cintura afinada pelo uso de espartilhos.

Joaquim era ousado e, desde o começo, ainda no navio, tentou desfrutar da beleza da moça de uma forma que fosse além da mera apreciação visual. Mas a marcação implacável da irmã, sempre por perto, e a própria inflexibilidade de Eufrásia o desencorajavam. "Pelo jeito, só mesmo com o casamento", pensava o rapaz. Esse era um impasse comum na época. As moças "de família" eram educadas para casarem virgens – assim se entregariam "completas" ao homem com quem, supostamente, passariam o resto da vida. Os próprios rapazes exigiam isso das moças, o que as colocava numa saia justa: caso se entregassem ao namorado, corriam o risco de ser abandonadas em situação desonrosa, sem condições de conseguir um bom casamento posteriormente. Era uma exigência cômoda para os homens, pois tinham a alternativa de recorrer a profissionais. Joaquim, assim como a maioria dos rapazes da sua idade e condição social, frequentava bordéis.

Cego de desejo por Eufrásia e reconhecendo que dificilmente conseguiria um partido melhor que ela, rica e bela, Joaquim pensou em casar com a moça lá mesmo, na Europa. Quando desembarcaram em Bordeaux, na França, ele escreveu ao pai contando tudo sobre Eufrásia e pedindo que lhe enviasse a papelada necessária para a união. Seria preciso convencer a moça, claro, mas essa missão estava consideravelmente facilitada pelo fato de que não seria preciso pedir a mão dela a quem quer que fosse. Eufrásia era dona do próprio nariz e não devia satisfações a ninguém. Seria prudente apenas conquistar a simpatia de Francisca, de quem ela valorizava bastante os conselhos.

Diante das credenciais da moça – sobrenome nobre e condições financeiras para lá de invejáveis –, o velho Nabuco aprovou imediatamente a ideia e enviou os documentos pedidos pelo filho. Quando Joaquim propôs o casamento, contudo, a reação de Eufrásia foi de espanto. Eles sequer se conheciam direito! Tudo estava acontecendo rápido demais... Por que tanta pressa? Estaria o rapaz interessado em sua fortuna? Esse era o tipo de dúvida que o pai de

Eufrásia fizera questão de semear no coração das filhas. Ele sempre as alertou para o risco de que fossem cortejadas por homens interesseiros. No leito de morte, o velho chegara ao cúmulo de fazer as jovens prometerem que jamais se casariam, para não correrem o risco de que maridos irresponsáveis jogassem pelo ralo a fortuna que ele construíra com tanto esforço. Seria o sedutor Joaquim um desses?

Ao mesmo tempo em que as dúvidas sobre a índole do rapaz atormentavam Eufrásia, as primeiras conversas sobre casamento esbarraram na mais básica das questões: onde o casal viveria. Eufrásia fazia questão de levar adiante os planos de viver em Paris, enquanto Joaquim não abria mão de voltar ao Brasil, onde tinha uma perspectiva de carreira já bem delineada. Na faculdade de Direito, ele havia sido líder estudantil e tomado gosto pela arte da política e da diplomacia. Ciente da boa aparência e do talento como orador, apostava todas as fichas nesse futuro.

O surgimento de um ponto de discórdia relevante o suficiente para justificar um rompimento, ou ao menos o adiamento dos planos, era de certa forma um alívio para Joaquim. Apesar de encantado por Eufrásia, ele refletiu com mais frieza sobre como seria o futuro depois do casamento e chegou à conclusão de que talvez não fosse mesmo o momento certo para dar um passo tão importante. Além de não aceitar a perspectiva de ter o futuro submetido às vontades de uma mulher muito mais rica, passou a se sentir incomodado com a ideia de se comprometer tão cedo. Isso o obrigaria a desistir de conhecer outras moças, justamente naquele momento em que o mundo se abria diante dos seus olhos. Essa sensação se tornou especialmente angustiante quando ele desembarcou na França e constatou que, além de belas, as francesas pareciam muito acessíveis. Por que abrir mão de um ano tão promissor?

Já Eufrásia, por sua vez, não dependia de homem para nada, ao contrário da imensa maioria das mulheres da época. Por que perder a liberdade de fazer o que bem entendesse? Além do mais, havia o receio de que a profecia do pai pudesse vir a se realizar caso ela se unisse a Joaquim. Ele era um homem interessante e inteligente, mas era também um *bon vivant*. Sabia apreciar as boas coisas da vida – uma bela roupa, um restaurante sofisticado, uma viagem de primeira classe. Tinha visíveis dificuldades para fazer tudo isso caber na mesada que recebia do pai. Uma vez casado com uma mulher milionária, qual seria a motivação de Joaquim para trabalhar, ser alguém na vida? Quem garante que ele não estava planejando ser sustentado pela esposa rica dali em diante? Quando Eufrásia pensava nessas coisas, a imagem do pai moribundo vinha-lhe à mente como se fosse uma espécie de maldição.

De qualquer maneira, eles teriam um ano de convívio na Europa para conhecer melhor um ao outro. Ficou, então, o dito pelo não dito e o casal prosseguiu num misto de namoro e amizade. Nas primeiras semanas em Paris, os dois saíam juntos com frequência para ir ao teatro ou fazer passeios em Saint Germain, o bairro intelectual da capital francesa. No começo, Joaquim ia quase toda noite visitar Eufrásia em casa, à rua de Presbourg – mais tarde ela se mudaria para um palacete de cinco andares na rua Bassano, uma das mais sofisticadas dos Champs-Élysées. Nessas ocasiões, Joaquim tentava aumentar o grau de intimidade com Eufrásia, mas não conseguia. Em casa, havia sempre a companhia da irmã dela. Em lugares públicos, o comportamento tinha que ser exemplar e o máximo que se podia fazer era andar de braços dados.

Enquanto Joaquim não conseguia encontrar ocasião em que pudesse demonstrar toda a sua paixão, Eufrásia continuava desconfiada. Não gostava do jeito que Joaquim olhava para as outras moças enquanto estava com ela. Pressentia que o rapaz era excessivamente dado a paixões arrebatadoras, e decidiu que seria prudente testar sua persistência. Imaginava que assim teria uma boa medida da natureza do interesse dele – se era mesmo em sua essência ou apenas em seu corpo e em seu patrimônio.

Eufrásia se decepcionou ao perceber que, diante dos obstáculos iniciais, Joaquim se desvinculou rapidamente dela para adotar uma postura de jovem descompromissado, à procura de aventuras. Isso a incomodava, pois desejava um relacionamento profundo. Joaquim passou a vê-la com menos frequência para aproveitar ao máximo a permanência na Europa. Bem relacionado graças aos contatos do pai, ele conseguia fazer programas que não estavam ao alcance de turistas comuns. Por intermédio de um amigo, Artur de Carvalho Moreira, filho do embaixador do Brasil em Londres, foi convidado a visitar uma das mais conhecidas escritoras da época, George Sand. Ela se tornara célebre tanto pelas obras de forte teor sensual quanto pela movimentada vida amorosa, que incluía o compositor polonês Frédéric Chopin. Já idosa, a escritora recebeu os dois brasileiros em sua casa na localidade de Nohant. Foi extremamente acolhedora e deixou Joaquim encantado – era esse tipo de história que ele queria ter para contar quando voltasse ao Brasil.

Em janeiro de 1874, já bem ambientado por quatro meses em Paris, Joaquim partiu para uma excursão pelo interior da França. Longe dos olhos de Eufrásia, sentia-se totalmente disponível para aventuras amorosas, as quais fazia questão de registrar em seu diário. Logo no começo da viagem, conheceu uma certa miss Claussen, a quem dedicou versos que a levaram a chamá-lo carinhosamente de "Goethe brasileiro" – para orgulho de Joaquim, que nessa época se levava a sério como poeta. Naquela mesma semana, ele se engraçou com uma americana, miss Edison. E certa noite visitou uma misteriosa mademoiselle de Gabrielli, de quem não deixou registro além do nome. Seria uma amante profissional?

Alguns dias depois, ao ser apresentado a uma condessa polonesa, Wanda Mosczenska, Joaquim ficou encantado por sua sobrinha, Marie. Convidado pela condessa para um jantar na semana seguinte, ele escreveu o poema *Versos a uma polaca*, no hotel, ao som de uma valsa de Chopin, possivelmente ainda influenciado pela atmosfera fascinante do encontro com a escritora George Sand. Na noite do jantar, recitou os versos diante de todos os convidados. A condessa morava em Roma e, encantada com o jovem brasileiro,

Joaquim Nabuco e Eufrásia Teixeira Leite (1873-1889)

o incentivou a conhecer a cidade. No dia 9 de fevereiro de 1874, viajaram juntos – ele, a condessa e a sobrinha –, no mesmo vagão de trem. Na capital italiana, Joaquim hospedou-se em um hotel.

Outra vez o rapaz se via diante do mesmo dilema. Enquanto Marie e a tia criavam muita expectativa sobre ele – delineava-se um imponderável triângulo amoroso, pois ambas pareciam interessadas na sua atraente figura –, tudo o que Joaquim queria era desfrutar mais intimamente as companhias femininas, sem que isso significasse qualquer tipo de compromisso ou promessa de relacionamento duradouro. Assim, ele fazia programas diurnos inocentes, como ir ao Vaticano, com a condessa e Marie. Mas à noite saía sozinho, à caça de mulheres disponíveis. Nesse meio tempo, conheceu mais uma americana, miss Brown, hóspede do mesmo hotel – e logo estava frequentando a varanda do quarto da moça. Não é difícil concluir que, em meio a tantas descobertas e aventuras, Joaquim estava cada vez mais convicto de que ele era mesmo muito jovem para se comprometer pelo resto da vida. Eufrásia parecia ser a mulher perfeita para casar, mas não precisava ser tão cedo. Afinal de contas, havia muitas outras para conhecer no mundo.

Joaquim se tornava cada vez mais obcecado pelo corpo feminino. Tal admiração o fez permanecer, durante uma de suas idas aos museus de Roma, nada menos que uma hora diante da escultura de Vênus feita por Veronese. "Formas incomparáveis de mulher: muito mais mulher que a de Milo", registrou ele no diário. Em Florença, ele anotaria: "A Madona della Leggia é inteiramente diversa de todas as outras de Rafael; esta é a mulher, as outras são anjos. Que olhar fino, bom, quase malicioso desta! E todas essas roupas orientais. Deliciosa pintura de Leonardo. Este para mim é o mestre. Que mescla de sentimentos nessa fisionomia; que vida voluptuosa desse colo onde se vê nascerem os dois seios sob a renda".

Enquanto Joaquim se entusiasmava com cada moça que cruzava seu caminho – e até mesmo com esculturas –, Eufrásia começava a se entranhar para valer no mercado de ações. Era a primeira

79

mulher a participar ativamente das operações na Bolsa de Valores de Paris. Seu objetivo era montar uma rede de informações confiável, que lhe permitisse escolher com segurança as empresas em que valeria a pena apostar. Um dos ensinamentos do pai era a velha máxima de que nunca se deve colocar os ovos numa mesma cesta: quanto mais pulverizados os investimentos, menores os riscos.

Dois meses depois de Joaquim ter deixado Paris, Eufrásia decidiu ir a Roma. Não admitiu ter viajado especialmente para vê-lo – a justificativa oficial era a de que estava passeando com a irmã. Joaquim começou então o malabarismo de conciliar programas com as irmãs Leite e com a condessa e sua sobrinha, sem que umas soubessem da existência das outras. Um exemplo típico foi o dia 31 de março. Depois de passear com Eufrásia e a irmã na Villa Albani, despediu-se das duas no início da tarde para viajar até Pisa com uma pequena comitiva que incluía a condessa, Marie e três poloneses das relações da condessa. Como se não bastasse, Joaquim ainda buscava brechas na agenda para novas aventuras.

Eufrásia permaneceu algumas semanas na Itália. Houve tempo até para uma visita a Veneza, com direito a passeio de gôndola dos dois, a sós. Nessas raras ocasiões de intimidade, Joaquim cobria a amiga – ou seria namorada? – de beijos e suas mãos buscavam caminhos até então nunca percorridos. Eufrásia, também tomada pelo desejo e interessada em oferecer algum horizonte a Joaquim, ia abrindo a guarda aos poucos. Quando passaram pela ilha de San Giorgio Maggiore, ele recitou versos em pé, no fundo da gôndola, enquanto a dama apreciava a cena sentada. Mas foi justamente em meio a esse clima romântico que eles tiveram mais uma discussão – ou uma *brouille*, como Joaquim registrou em seu diário – sobre o mesmo assunto de sempre. Voltaram a falar em casamento e ela se mantinha irredutível na decisão de permanecer morando na Europa.

Alguns dias depois, durante uma viagem de trem que fizeram juntos entre Milão e o Lago de Como, Joaquim se deu conta de que estava mesmo apaixonado por Eufrásia. "Os campos verdes.

Joaquim Nabuco e Eufrásia Teixeira Leite (1873-1889)

Bela manhã. Idílio. Os túneis. Como ela estava boa, adorável nesse dia!", escreveu no diário. De volta a Milão, no final daquele mesmo dia, jantaram juntos – acompanhados pela irmã dela, como quase sempre. Era o desfecho de um dia feliz e perfeito. A partir daí, contudo, o diário de Joaquim foi rasurado em outras passagens que supostamente envolviam Eufrásia – como se, mais tarde, ele quisesse esconder aquele período de felicidade para não magoar a si mesmo ou a outras pessoas que pudessem ler aquele conteúdo.

Eufrásia voltou alguns dias depois a Paris para cuidar dos negócios, enquanto Joaquim continuou mais dois meses circulando pela Itália. Quando retornou à capital francesa, ele foi correndo vê-la. Ficaram novamente muito próximos e voltaram a falar em casamento. No dia 7 de junho, contudo, ocorreu uma nova discussão: "Desfeito o casamento", sintetizou Joaquim, sem maiores explicações. Dessa vez foi um desentendimento sério, pois o diário passaria semanas sem mencionar Eufrásia. A esse ponto, é provável que a questão financeira tenha começado a aparecer mais explicitamente como elemento de discórdia. Atormentada pelas previsões do pai, Eufrásia questionava a maneira como Joaquim lidava com dinheiro e deve ter mencionado o desejo de um casamento com separação de bens. Numa época em que cabia ao homem ser o chefe da família e responsável pelas finanças da casa, qualquer conversa entre os dois sobre o tema era um barril de pólvora.

Amargurado, Joaquim decidiu passar algum tempo em Londres. Lá, durante um jantar na casa de Francisco Inácio de Carvalho Moreira, o Barão de Penedo, embaixador do Brasil na Inglaterra e ex-colega do pai de Joaquim no Curso Jurídico de Olinda, encantou-se por Louisa Duff, cuja casa já no dia seguinte frequentava. "Nada melhor para esquecer uma mulher do que outra", seria seu lema dali em diante. Em agosto, quando o período previsto de permanência na Europa estava se aproximando do fim, Joaquim decidiu reunir em livro as poesias escritas ao longo da viagem. Ele bancou a publicação da coletânea *Amour et Dieu*, pagando os custos

81

à tipografia J. Claye, de Paris. Dedicou cada um dos poemas a uma mulher diferente, nenhuma delas claramente identificada – "Mlle. d'An", "Miss L.", "Mm. O. de C." etc. Mais tarde repudiaria a obra, admitindo que tinha pouca vocação para os versos.

O rapaz passou o aniversário de 25 anos, no dia 19 de agosto, preparando as malas para retornar ao Brasil, aonde chegou na manhã do dia 25 de setembro de 1874. Tão logo pisou em solo brasileiro, procurou o amigo Machado de Assis, com quem se correspondia com frequência, para propor sociedade em uma revista, que batizaram de *A Época*. Ficou combinado que ambos usariam pseudônimos para assinar os contos e crônicas: Machado de Assis era o Manassés e Joaquim, o Ninguém. A revista duraria apenas quatro números, mas estreitou a parceria que, duas décadas depois, resultaria na fundação da Academia Brasileira de Letras.

Não tardou para que Eufrásia viajasse ao Brasil para ver Joaquim, sonhando talvez com uma reconciliação – os dois não estavam exatamente brigados, mas ela sofria com a sensação de que a paixão demonstrada pelo rapaz tinha arrefecido de vez. Eufrásia se hospedou em um dos 120 quartos do Hotel dos Estrangeiros, o mais sofisticado à época no Rio de Janeiro, construído na Tijuca especialmente para aproveitar o fluxo cada vez maior de visitantes europeus interessados em conhecer o exótico Brasil. Joaquim foi visitá-la no hotel e, assim que se viram um diante do outro, a sós, foi como o despertar de um vulcão. Dinheiro, poder, futuro, passado, nada mais parecia importar além do fato de que havia ali um homem e uma mulher que desejavam profundamente um ao outro. O amor entre os dois se cumpria, enfim, em toda sua plenitude.

Ao sair do hotel, Joaquim mal podia acreditar que havia, enfim, realizado o desejo que o perseguia desde a primeira vez em que vira aquela mulher deslumbrante. Mas a verdade é que, na prática, isso não mudava nada. Os impasses de sempre permaneciam – tanto que a volta de Eufrásia à Europa estava marcada para dali a alguns dias. E ela não hesitou em partir, pois os negócios não podiam esperar. Depois que chegou a Paris, Eufrásia se viu tomada por um sentimento que misturava saudade e certo arrependimento. "Nem penso em outra coisa senão na Tijuca e em tudo o que passou. Eu não o acuso, a culpa é toda minha se eu não soube resistir, devia ter evitado o perigo", escreveu numa carta a Joaquim.

A saída para ambos foi mergulhar de corpo e alma no trabalho. Enquanto Eufrásia ia se consolidando como investidora bem-sucedida, Joaquim dava passos consistentes na carreira que planejara. Por influência do pai, foi nomeado, em 1876, adido da legação em Nova York, com mandato de dois anos. Com a desculpa de que era melhor escapar da viagem direta aos Estados Unidos, feita à época em pequenos vapores de carga, ele partiu primeiro para a França. Assim teria a oportunidade de matar a saudade das paisagens parisienses e também de certa pessoa que morava lá.

Procurou Eufrásia, imaginando romanticamente que ela se jogaria apaixonada aos seus braços, mas a reação não foi exatamente essa. Confuso, Joaquim foi para o hotel e escreveu uma carta contando tudo o que sentia em relação a ela – a paixão e os planos de uma vida em comum. Em resposta, Eufrásia mandou-lhe um bilhete que teve o efeito de um balde de água fria:

> Meu bom amigo. Vou falar-lhe com toda a franqueza e com inteira confiança. Sua carta me deixou muito embaraçada. Estou num estado de alma o mais aflitivo possível, não posso discernir meus sentimentos. Eu lhe escreverei para os Estados Unidos. Creia-me sua amiga. E. Teixeira Leite.

Desiludido pela frieza da resposta de Eufrásia, Joaquim sentiu-se livre para iniciar o novo período de descobertas que a mudança para os Estados Unidos lhe proporcionaria. O cotidiano do trabalho como adido era leve e sobrava um bom tempo para aventuras. Joaquim concentrou mais uma vez suas observações na temática "mulher". Logo percebeu que os americanos eram muito mais pudicos e conservadores que os europeus. Ao tornar-se íntimo da alta burguesia dos Estados Unidos, situação que a condição de diplomata e o gosto pelas altas-rodas lhe permitiram, ficou surpreso ao constatar a ausência de ligações amorosas fora do casamento, algo que tinha se acostumado a ver – e eventualmente participar – na Europa.

Nos Estados Unidos, o máximo a que as mulheres da burguesia se permitiam antes de casar ou depois que estavam casadas – descreveu Joaquim em seu diário – era o *flirting*, uma paquera sutil e inocente, que não costumava levar às últimas consequências sexuais. Joaquim não escondia a decepção por não encontrar as mesmas facilidades com as quais se acostumara na Europa. "O americano tem que nadar até afogar-se no casamento. Fora do casamento não há nada aqui. A *flirtation* é admissível nas moças que nada perdem com distribuir folhas do seu coração de alcachofra antes de dar a alguém o fundo, em molho matrimonial."

Quando Joaquim conheceu a jovem Fanny Work, 19 anos, de longos cabelos loiros e ondulados, logo a descreveu no diário como "a moça mais bela" que já vira. Iniciaram um namoro, mas aos poucos ele demonstrava contrariedade pelo fato de Fanny não lhe dar as liberdades que desejava – considerava insatisfatórias as "folhas de alcachofra" que vinha recebendo. Diante de situações como essa, Joaquim tinha um discurso pronto para tentar convencer as moças a dar um passo adiante.

> A ideia da felicidade não está na duração. Quando alguém consegue um fim realmente belo, ninguém pergunta se a posse foi longa ou curta. Dois entes que se amam e que chegam depois de muitos obstáculos a ser um do outro, o que importa que o sejam só por uma hora ou por anos? O tempo não faz senão diminuir a consciência da felicidade e a beleza do sonho.

Como se fosse um sociólogo e não um diplomata, Joaquim mergulhava a fundo na pesquisa prática dos hábitos americanos para identificar quais seriam as diferenças entre *flirt* e *fast* – esta última palavra era a forma como se classificavam na época as moças namoradeiras e fáceis. Uma tal de miss Lanier, que o levou para dar uma volta de carro em um bosque isolado, parecia se enquadrar na segunda categoria, a ponto de merecer certo desdém por parte de Joaquim. "Disse-me que era a filha única de um banqueiro. Só no fim elucidou-me esse ponto muito interessante: que era filha única do segundo casamento, e que havia cinco filhos do primeiro. Essa circunstância diminui um pouco a posição da filha única de um banqueiro."

Menos de um mês depois de conhecer miss Work e de ter se divertido um pouco com a filha do banqueiro, Joaquim foi apresentado a Ruth Dana, a quem classificou de "tão superior às outras moças em força de pensamento como miss Work é pela poesia do rosto". Ruth, elogiava Joaquim, "não apenas sabia dizer coisas muito penetrantes, como compreende tudo e sabe ouvir". Nesse meio tempo, ele almoçou com a "bela miss Cooper" e uma tal miss Stevens o acusava de deixar a amizade entre os dois tornar-se "uma lembrança do passado". "Vive-se entre moças bonitas aqui e em nenhuma parte é tão fácil encontrá-las sempre", entusiasmava-se Joaquim.

Havia, no entanto, o cruel descompasso de expectativas. Cada uma dessas moças via em Joaquim um bom partido para iniciar um relacionamento que talvez pudesse levar ao casamento. Já ele se aproximava delas com a intenção de viver uma aventura passageira, da qual tentava extrair o máximo de sensações no menor tempo possível. Esse sentido de urgência nos relacionamentos levava Joaquim a procurar defeitos nas mulheres pelas quais havia se encantado anteriormente. Apaixonava-se e desapaixonava-se com a mesma facilidade, como se tentasse antecipar finais infelizes para se sentir novamente livre.

A montanha-russa em relação à miss Work é um bom exemplo de como Joaquim havia se tornado volúvel no relacionamento com as mulheres. Depois de descrevê-la como "a virgem ideal que Carlo Dolci tinha na cabeça", referência ao pintor florentino do século XVII, ele logo se mostraria desencantado. A principal razão foi, inusitadamente, a reação da moça à perda da mãe, no início de março de 1877. Joaquim se perguntava:

> Com a morte da mãe eu senti-me inteiramente inclinado a fazer todo o meu possível para converter em amor essa fascinação, mas o modo por que a vi consolar-se em oito dias de uma tal perda me fez inteiramente recuar. Oito dias para consolar-se da morte da mãe; quantos para a minha?

Entre idas e vindas com miss Work, Joaquim conhecia outras moças. Passeando pelo Central Park, puxou conversa com a "muito interessante" miss Leavitt, que disse estar casada havia seis meses. "Essa moça contou que havia amado a outros antes do marido e não estava certa de que realmente o amava", registrou Joaquim. Fatos como esse o faziam refletir cada vez mais sobre o casamento, instituição que lhe despertava sentimentos dúbios. "No casamento afoga-se realmente uma parte de nós mesmos, e a melhor – que é a esperança –, não falando da liberdade de ser um só", escreveu certa vez. Em outra ocasião não muito distante no tempo, ele defendeu ardorosamente a instituição.

> No casamento o amor se deposita, forma um sedimento estável, um solo nosso, em que podemos levantar o nosso patrimônio. Aí nada se perde. Cada atenção, cada condescendência recíproca, é um empréstimo seguro; a afeição cresce para nós mesmos, e não para os outros; o progresso é comum, o auxílio contínuo, e, no fim da vida, sente-se que não se perdeu amor, mas que se o empregou do único modo por que ele não se dissipa.

Quando os dois anos de permanência nos Estados Unidos estavam se aproximando do fim, Joaquim se deu conta de que pouco havia se dedicado a conhecer verdadeiramente o país – e pôs a culpa na sua fixação em conquistar mulheres. "Eu cometi um grande erro vindo a este país. Em vez de estudá-lo, de visitar suas instituições de caridade e de letras, de conhecer os seus homens, quis divertir-me com as mulheres; o resultado é uma impressão de tempo perdido."

Joaquim Nabuco e Eufrásia Teixeira Leite (1873-1889)

De volta ao Brasil, ele sofreu o baque da morte do pai e deixou de se distrair tanto com as mulheres – estava farto do ritual de conhecê-las e descartá-las ou ser por elas descartado. Motivado acima de tudo pela vontade de honrar a memória do velho Nabuco de Araújo, que desejava vê-lo seguir seus passos, Joaquim decidiu entrar de corpo e alma na carreira política. Sua grande bandeira, estabeleceu de imediato, seria a campanha abolicionista. A simpatia pela causa, dizia ele, havia nascido ainda na infância, quando tinha o sono "embalado pelas cantigas mais nostálgicas do banzo africano". Integrante de uma família escravocrata, o menino que carregava o apelido de Quinquim havia respirado o ar da escravidão desde cedo, sem entender direito o porquê de aquelas pessoas serem subjugadas. Aos 20 anos, quando era estudante de Direito, afrontou a elite de Recife ao defender, em um júri, um escravo negro que havia assassinado seu senhor.

Em 1878, Joaquim elegeu-se deputado geral pela província de Pernambuco – ele decidira se candidatar na terra natal para aproveitar o prestígio do sobrenome, uma herança que o pai lhe deixara. Ligado de vez à causa abolicionista, fundou em sua própria casa a Sociedade Brasileira Contra a Escravidão. Sua postura de enfrentamento das aspirações da elite o isolaram dentro do Partido Liberal e impediram sua reeleição. A falta do salário de deputado o levou a dificuldades financeiras. Joaquim passou, então, um período de exílio voluntário em Londres, entre 1882 e 1884, durante o qual sobreviveu como advogado e jornalista. Foi quando escreveu *O Abolicionismo*, uma de suas mais importantes obras.

Antes de voltar ao Brasil, Joaquim passou por Paris e se encontrou com Eufrásia. Visitaram juntos o Louvre e, ao final desse mesmo dia, ele enviou à casa dela um buquê de flores. A cada reencontro, a intensidade dos olhares representava uma ameaça constante de que a antiga paixão voltasse à tona. Mas os mundos dos dois estavam cada vez mais distantes um do outro. Eufrásia tornara-se, como o pai, uma grande especuladora do mercado financeiro e tinha certo receio de que as pessoas com as quais se relacionava soubessem de seu envolvimento com Nabuco, mergulhado até o pescoço com a causa da abolição, tão incômoda à elite. "Suas opiniões são tão diversas das dos que me rodeiam que, naturalmente, por mais que evite, tenho ouvido falar de si, e infelizmente não posso responder nada", escreveu certa vez Eufrásia. Joaquim, por seu turno, também tinha receio da repercussão que o relacionamento com a milionária poderia trazer à sua credibilidade e carreira política. Tão logo Joaquim embarcou para o Brasil, Eufrásia escreveu-lhe em tom melancólico: "Que triste foi este rápido encontro que nos perturbou sem nos satisfazer".

Eufrásia se incomodava também ao perceber as dificuldades financeiras de Joaquim. Mais de uma vez chegou a lhe oferecer um empréstimo, mas ele recusava – e se sentia ofendido com a insistência. De volta ao Brasil, Joaquim estava pronto para retomar a carreira política. Foi eleito para novo mandato na Câmara dos Deputados, onde continuou defendendo ardorosamente sua maior causa. Em janeiro de 1888, escreveu uma carta ao papa Leão XIII pedindo um ato a favor da abolição da escravatura no Brasil.

> Um ato generoso, ardente, inspirado na espontaneidade da sua alma e que fosse dirigido contra a maldição que pesa sempre sobre uma grande parte da família cristã, seria um benefício incalculável para aquelas raças. Sua Santidade está colocado em uma posição, da qual não pode ver nenhuns outros interesses senão os da religião; nessa questão da escravidão, porém, o sangue que seria seu privilégio resgatar, é o próprio sangue que Deus derramou a serviço do homem.

Depois da carta, Joaquim conseguiu uma audiência com o papa, ocorrida em 10 de fevereiro de 1888, ocasião em que teve a oportunidade de relatar toda a batalha pelo fim da escravidão no Brasil. Pediu ao papa uma condenação imediata da prática, para que sua voz chegasse ao país antes da abertura do Parlamento, em maio. Acredita-se que essa conversa tenha sido decisiva para inspirar Leão XIII na publicação, algumas semanas depois, de uma encíclica dirigida aos bispos do Brasil em que condenava a permanência do regime no país.

No dia 13 de maio, três meses depois da visita de Joaquim Nabuco ao papa, a escravidão seria abolida no Brasil com a assinatura da Lei Áurea pela princesa Isabel. Foram dias de grande festa em todo o país. Joaquim foi reconhecido como o grande teórico da causa e desfrutou da doce sensação de dever cumprido. Já era, portanto, mais do que hora de cuidar de si mesmo. Afinal, estava prestes a completar 40 anos de idade e continuava sozinho. Precisava encontrar uma companheira.

Apesar da distância, Eufrásia continuava sendo a primeira possibilidade a lhe passar pela cabeça. Afinal, ao longo dos 15 anos anteriores, desde que se conheceram a bordo do Chimborazo, os dois nunca se afastaram definitivamente. Havia alguma coisa muito forte ali. Era como se Eufrásia estivesse esperando por Joaquim, enquanto acompanhava de longe seu empenho na luta pela abolição. Ao longo de todo esse tempo, ela não parecia ter se envolvido seriamente com mais ninguém. Embora gostasse de frequentar ambientes luxuosos, nos quais usava joias caras e roupas sofisticadas, era bastante discreta no campo amoroso.

Aquele momento, em que o fantasma da solidão começava a assombrar a ambos, soava perfeito para que os dois finalmente se acertassem. Mas os obstáculos de sempre continuavam existindo e seria preciso um esforço especial. Joaquim deu os passos de aproximação que julgava necessários, mas não sentiu a recíproca esperada por parte de Eufrásia. Decidiu, então, escrever a ela colocando um ponto-final em tudo.

> Eu tenho em meu poder diversos papéis, cartas e lembranças suas. Considere tudo isso como propriedade sua, e não se julgue em momento nenhum de sua vida ligada por nada que me diga respeito. Não deixe tampouco dominá-la em relação a mim, a pena, que uma vez me exprimiu como sendo um obstáculo ao nosso casamento, de magoar com a

Amores proibidos na história do Brasil

> sua preferência a outros pretendentes. Não hesite por uma consideração dessa ordem em relação a mim, de dar passo nenhum em sua vida. Eu por meu lado considero-me perfeitamente livre de qualquer compromisso e pretendo guiar-me só pelo meu coração. O que ele disser é o que hei de fazer. [...] Eu sinto que tudo acabou entre nós e não vejo quem poderá ou quererá encher este fim de vida que não parece valer a pena separar do passado. Adeus. Sempre seu amigo verdadeiro, Joaquim Nabuco.

Não é difícil imaginar as lágrimas descendo pelas maçãs do rosto de Eufrásia ao ler essas palavras a milhares de quilômetros de distância. No momento de redigir a resposta, contudo, ela manteve o tom de frieza:

> Está bem entendido que só se deve guiar pelo seu coração, que só deve fazer o que ele disser, que hoje, como sempre, como em todas as ocasiões, está e esteve livre, que nunca, em momento algum, se julgue ligado por mim, que eu não o impeça, como nunca impedi, de fazer sempre o que entendesse. Como querer ser um obstáculo à sua vida, eu que nunca tive a menor influência sobre si, que não pude conseguir modificá-lo em nada? Se não quiser ou quando não quiser as lembranças que tem minhas, mande-mas; quanto à sua correspondência considero-a propriedade minha, como tal guardo-a e por nada consentirei em entregá-la. Não tenha susto, ninguém a lerá. Não creio que, se se desfizer do que conserva de mim, ofenda-me, não, por isso os meus sentimentos não se alterarão de uma linha. Eufrásia.

Ela esperava que, cumprida a missão da causa abolicionista, Joaquim enfim se curvaria às evidências de que os dois haviam nascido um para o outro e aceitaria viver na Europa. Joaquim, por sua vez, sempre deixou claro que, se fosse para ficarem juntos, teria que ser no Brasil – era possivelmente a esse fato que ela fez menção ao afirmar não ter conseguido mudá-lo em nada. O impasse abriu espaço para a concorrência – que não tardou a se fazer presente. Em novembro de 1888, seis meses depois da abolição, Joaquim citou pela primeira vez em seu diário, de forma telegráfica, um novo nome feminino. "Petrópolis. Mlle. Evelina Soares Ribeiro." Tratava-se da filha de José Antônio Soares Ribeiro, barão de Inoã, proprietário do engenho Pilar, em Maricá. Joaquim conhecera a jovem ainda no Rio de Janeiro e se aproximou dela quando ambos veraneavam em Petrópolis. No Rio, os dois haviam se encontrado algumas vezes no Hotel Carson, onde Joaquim ia frequentemente jantar por ser perto de casa. Nessas ocasiões, Evelina estava sempre acompanhada dos tios com os quais morava.

Era uma moça de hábitos sofisticados. Havia estudado no célebre colégio Notre Dame des Oiseaux, em Paris. Falava francês com perfeição e estava aprendendo inglês. Não escondia a admiração pela trajetória de Nabuco e o considerava belo, mesmo já maduro – enquanto ela era ainda uma jovem inexperiente de 23 anos, ele era um homem vivido de 39 anos. Parecia ser a mulher perfeita para casar, de acordo com a teoria machista que Joaquim havia desenvolvido ao final de sua experiência nos Estados Unidos. "Devemos procurar para o casamento uma mulher que nos ame mais do que nós a ela. A igualdade no amor torna a vida difícil, e quando dos dois quem ama menos é quem menos pensa, os dois não podem ir juntos muito tempo."

Pode-se interpretar que Eufrásia estivesse sendo implicitamente citada na frase "a igualdade no amor torna a vida difícil", pois jamais adotou postura submissa no relacionamento com Joaquim. Já Evelina era jovem, dócil, dedicada, pronta para ser a esposa perfeita e a mãe de seus filhos. Eufrásia, por sua vez, nunca demonstrou o desejo de ter filhos – além do mais, já estava numa idade em que isso se tornara praticamente inviável. Quando Joaquim decidiu-se pelo casamento com Evelina, tudo transcorreu rapidamente. Ficaram noivos em março de 1889, menos de seis meses depois da aproximação em Petrópolis, e se casaram no dia 23 de abril. A lua de mel começou em Paquetá e continuou no Uruguai e na Argentina. Eufrásia ficou surpresa e abalada ao tomar conhecimento da notícia.

Os primeiros tempos da vida em comum com Evelina foram de severas dificuldades financeiras para Joaquim. Ele perdera muito dinheiro em investimentos malsucedidos. Havia aplicado o dote recebido da família da noiva em títulos da dívida pública argentina, impressionado com a prosperidade econômica que presenciara durante a viagem de lua de mel. Muita gente teve a mesma sensação de que ganharia dinheiro fácil, o que gerou especulação e um *crash* em 1890. Joaquim recuperou não mais do que um décimo da quantia investida originalmente.

Outro motivo de aperto financeiro é que ele se recusava a assumir qualquer cargo público no regime republicano, do qual era dissidente. Mudou-se, então, com a esposa para Londres e tentou ganhar a vida como advogado, mas o escritório que montou em sociedade com um colega não foi bem-sucedido. Viu-se obrigado a voltar ao Brasil em 1892. Apesar do grande prestígio pessoal, sabia que seria preciso trabalhar duro para assegurar o sustento da família, que não seria pequena – ele e Evelina viriam a ter 5 filhos ao longo dos 12 anos seguintes. Joaquim acelerou a produção intelectual, escrevendo livros em série e artigos para jornais, enquanto fazia "bicos" como advogado. Nesse período de dificuldades, e ainda impressionado pela audiência com o papa, ele se viu impelido a retornar ao catolicismo, influência da infância que havia de certa forma substituído pela militância política e pela ligação com a maçonaria.

A partir do casamento, Eufrásia rompeu qualquer comunicação com Joaquim. Decidiu que não se prestaria ao papel de eterna apaixonada – mesmo porque, naquela época, o casamento era considerado caminho sem volta. Joaquim havia, enfim, feito uma escolha. E assim os anos foram passando. Em outubro de 1899, já com a situação financeira um pouco mais equilibrada, Joaquim e Evelina partiram para Paris para celebrar dez anos de casamento. Foram visitar a princesa Isabel, exilada em sua casa no Boulevard de Boulogne. Lá, encontraram Eufrásia, que era amiga de Isabel.

Não foi, obviamente, um encontro casual. Quando soube que Isabel receberia Joaquim e a esposa, Eufrásia fez questão de se fazer presente. Não tinha a menor pretensão de reviver qualquer sentimento em relação a ele. O espírito era muito mais de vingança. Uma vingança sutil e silenciosa: iria apenas mostrar que estava ainda mais bela, poderosa e livre. Era uma mulher encantadora, em todos os sentidos. A comparação se tornaria extremamente desvantajosa para Evelina, a quem o casamento e os filhos não haviam feito muito bem – ela havia engordado e perdido o viço da juventude.

Ao rever Eufrásia bela daquele jeito, Joaquim se viu tomado por uma série de emoções que imaginava enterradas. Teve vontade de abraçá-la, de beijá-la, de saber da sua vida, mas precisava se conter. Mesmo porque Evelina estava a seu lado. O destino, porém, tratou de conspirar para que os dois se encontrassem mais algumas vezes durante a permanência dele na França, ainda que em circunstâncias tristes. Poucos dias depois, Francisca, a irmã de Eufrásia, morreu repentinamente aos 54 anos. Assim que soube do ocorrido, Joaquim foi apresentar as condolências a Eufrásia, e compareceu também ao enterro. Cada um continuou seguindo sua vida dali em diante, contudo.

Em 1905, Joaquim se mudou com a família para Washington – superou a resistência a cargos públicos e decidiu aceitar o convite do barão do Rio Branco para chefiar a representação diplomática do Brasil nos Estados Unidos. Já andava adoentado por essa época, com problemas cardíacos e uma surdez quase completa que atrapalhava seu desempenho como diplomata. A saúde foi piorando ano após ano depois da mudança para a capital norte-americana, até a morte no início de 1910, aos 61 anos. Sua filha Carolina escreveu sobre esse momento:

> Meu pai conservou-se bonito até o fim da vida. A sua fina pele rosada pouco ou nada se alterou. Os belos cabelos, com a ligeira ondulação que, quando moço, ele foi acusado de conseguir a ferro, continuaram abundantes após embranquecerem. Sua alta figura conservou-se ereta, sem nenhuma rigidez e com a elegância de sempre.

Quando o corpo chegou ao Rio de Janeiro, foi recebido por uma multidão comovida com o desaparecimento do herói da abolição. Conforme era sua vontade, Joaquim foi enterrado em Recife.

Evelina viveu quase 40 anos além dele – até 1948, quando morreu, aos 82 anos. Eufrásia morreu em 1930, aos 80 anos, sem jamais ter se casado. Nunca ficou claro se a principal razão foi a desilusão com Joaquim. O que se sabe é que ela foi se tornando progressivamente reclusa. A maior parte das cartas escritas por Eufrásia foram destruídas por Joaquim quando ele se casou, enquanto as enviadas por ele foram queimadas após a morte de Eufrásia, seguindo a vontade expressa por ela no testamento. Esse mesmo destino foi dado a um maço de cartas que Eufrásia escreveu para Joaquim sem jamais tê-las enviado, encontradas com uma anotação em francês: *à brûler* ("para queimar").

A milionária passou os dois últimos anos da vida no Rio de Janeiro, reclusa em um apartamento de Copacabana compartilhado apenas com empregados. Sozinha no mundo, sem descendentes nem ascendentes, decidiu doar toda a fortuna a obras sociais na cidade natal, Vassouras. Determinou em testamento a construção de dois internatos, um masculino e um feminino, onde crianças pobres teriam acesso a uma educação de primeira qualidade, além de uma série de outras obras que incluíram escolas e um hospital. Ironicamente, muito do dinheiro que ela havia acumulado acabou sendo desviado e desperdiçado nas mãos dos gestores públicos.

Se pudessem voltar ao dia em que se conheceram a bordo do Chimborazo, é provável que tanto Joaquim quanto Eufrásia tivessem se esforçado para mudar seus destinos. Mas a vida é uma só – e não costuma perdoar indecisões.

Chiquinha Gonzaga e João Batista Lage
(1899-1935)

O Rio de Janeiro crescia em ritmo acelerado na virada do século XIX para o XX. Com a chegada de migrantes de todos os cantos e também de estrangeiros, especialmente portugueses, a cidade ganhou 200 mil novos moradores em apenas uma década, chegando a 720 mil habitantes. Faltavam moradias e condições adequadas de saneamento para toda essa gente, que se amontoava em cortiços. A situação se agravou ainda mais quando o "bota-abaixo" do prefeito Pereira Passos estabeleceu que a região central da cidade não poderia mais exibir sinais de pobreza – os cortiços foram demolidos, os mendigos tirados das ruas, os cães sem dono exterminados e os vendedores ambulantes proibidos de trabalhar.

Um dos resultados dessa *belle époque* forçada, que tentava fazer do Rio uma espécie de Paris tropical, foi o agravamento do abismo social entre ricos e pobres – e o surgimento das primeiras favelas. A população expulsa dos cortiços precisava continuar morando nas proximidades da região central da cidade, pois era ali que se ganhava a vida. Sem alternativas, passou a ocupar os morros próximos. Enquanto isso, livres da miséria que lhe importunava a visão, a elite pôde respirar com mais tranquilidade um ar civilizado e "europeu". Estabelecimentos como a Confeitaria Colombo, fundada em 1894, tornaram-se ponto de encontro de senhoras da sociedade e da juventude bem-nascida. Os clientes nem se davam conta de que, no final do expediente, por volta de nove e meia da noite, uma pequena multidão de famintos comparecia à porta dos fundos da confeitaria para disputar as sobras de quitutes e empadas.

A influência europeia se manifestava fortemente no campo musical, sobretudo nos salões frequentados pela elite – composta, nas palavras do escritor Lima Barreto, por "brasileiros exilados no Brasil", pois gostariam mesmo era de estar em Paris. Os estilos que faziam mais sucesso eram o *scottisch,* que logo passou a ser chamado de "xote" no Brasil, e a polca, proveniente da Boêmia. Muitos músicos chegavam de todos os cantos para tentar a vida na cidade, atraídos pelo campo de trabalho em plena expansão. As lojas de música recrutavam instrumentistas para demonstrar as partituras à venda e multiplicavam-se as *music-halls* e os "chopps berrantes", bares com pequenos palcos para entreter o público. Músicos que não conseguiam trabalho fixo se viravam como podiam – tocando nas ruas, por exemplo.

Chiquinha Gonzaga se destacava nesse efervescente mercado musical da virada do século. Mais famosa e consagrada compositora do país, ela havia se tornado em 1885 a primeira brasileira a conduzir uma orquestra – foi na estreia da peça *A filha do Guedes,* representada pela companhia de teatro Dias Braga. Desde então passou a ser chamada de "maestrina" pela imprensa, que não se cansava de reverenciar seus feitos pioneiros. Chiquinha era, também, precursora do movimento gradual de nacionalização da música, que levava os ritmos estrangeiros a ganhar nova identidade à medida que recebiam um tempero brasileiro. Exemplo clássico é o choro, hoje considerado o ritmo carioca por excelência, nascido da mistura da europeia polca com o maxixe, herança dos escravos.

Em 1899, aos 52 anos, Chiquinha trazia no currículo uma série de sucessos populares desde a publicação de sua primeira composição, a polca "Atraente", duas décadas antes. Mas o reconhecimento público não havia ainda lhe assegurado condições muito confortáveis de vida. Ela se via obrigada a continuar imersa no trabalho, compondo sem parar e dando aulas de piano. Nessa época, separada e sem os filhos por perto, morava sozinha no Andaraí, bairro do Rio de Janeiro que sediava o cordão carnavalesco Rosa de Ouro.

Os cordões foram um estágio da evolução entre os antigos entrudos, blocos que saíam às ruas sem utilizar instrumentos musicais – apenas gritavam e faziam algazarra –, e as escolas de samba. Em certo dia de fevereiro daquele ano, com o bairro agitado pelos ensaios do Rosa de Ouro, Chiquinha foi procurada por componentes do cordão, que lhe pediram uma canção-tema para o carnaval que se aproximava. A maestrina aceitou o desafio e dedicou-se imediatamente à tarefa. Sentou-se diante do piano e quatro horas depois finalizava a partitura de "Ô Abre-Alas", que se tornaria uma das composições mais conhecidas do país em todos os tempos, cantada até hoje nos bailes carnavalescos. Mais do que isso, representaria a consagração definitiva de Chiquinha como compositora sintonizada com o gosto popular.

O sucesso da marchinha não foi sua maior conquista naquele carnaval, no entanto. Havia outra, no campo amoroso, que se tornaria ainda mais significativa para a maestrina. Foi quando ela conheceu João Batista Fernandes Lage, um português de apenas 16 anos que chegara alguns anos antes ao Brasil para trabalhar com um irmão sapateiro, mas enveredara para a carreira de músico. Houve entre eles um imediato interesse recíproco – e quase inexplicável, considerando-se a diferença de 36 anos. O primeiro fator a despertar a atenção de Chiquinha, na verdade, foi a coincidência do nome: João Batista era também como se chamava aquele que talvez tivesse sido o único homem que ela amara verdadeiramente até então, como veremos adiante. Logo ela descobriria outros encantos no rapazote, contudo.

Chiquinha acabara de ser convidada a se tornar sócia honorária do Clube Estudantina Euterpe, uma associação ligada às tradições portuguesas que oferecia vários tipos de cursos, de culinária e pintura aos mais diversos instrumentos musicais. Ela se colocou à disposição para colaborar na organização da orquestra do clube e nos saraus musicais que o Euterpe pretendia organizar. Foi então que surgiu João Batista, chamado por todos de Joãozinho em sintonia com o biotipo franzino. Cultivando a muito custo um bigodinho ralo com o qual tentava disfarçar a idade, ele acabara de ser precocemente empossado como diretor musical do clube.

Diante do desafio de organizar um concerto, Joãozinho requisitou a ajuda de Chiquinha. Reconhecida àquela altura como uma espécie de madrinha de novos talentos musicais, ela atendeu ao pedido e os dois começaram a desenvolver o projeto juntos. Trabalhar ao lado de um ícone daquela grandeza era razão de verdadeiro deslumbramento para o rapaz, que não poupava gracejos e olhares lânguidos para deixar sua admiração bem explícita. Quando Joãozinho deu a Chiquinha uma foto com dedicatória, a retribuição não poderia ser mais insinuante: uma partitura autografada de seu fado "Desejos", cujos versos – escritos pelo português Eduardo Fernandes, conhecido como Esculápio – não eram nem um pouco sutis. "Um beijo teu me sufoca/ Teu sorriso é de matar/ Tu tens um lírio no olhar/ Tu tens um cravo na boca."

Livre, madura e dona do próprio nariz, Chiquinha preservava boa parte dos encantos da juventude. Aos 52 anos, era admirada por uma legião de fãs de todas as idades. Para muitos homens, essa admiração certamente invadia o campo do desejo – com Joãozinho não seria diferente. Ela achou divertido aquele inesperado jogo de sedução com um quase menino que mal deixara as calças curtas, mas não esperava nada além de brincadeiras e palavras insinuantes. Numa tarde em que os dois ficaram a sós na sala de música do clube, entretanto, sua opinião mudou drasticamente. Ela agiu provocativamente, deixando à mostra os joelhos – parte especialmente sedutora do corpo feminino naquela época, pois quase nunca ficavam às vistas dos homens –, e foi literalmente atacada por Joãozinho.

O primeiro beijo, ardente e apaixonado, fez aquela mulher experiente se sentir como se subitamente tivesse retornado à adolescência. Um beijo de tirar o fôlego, como dizia o fado. Amaramse pela primeira vez ali mesmo, afoitos e despreocupados com o risco de que alguém chegasse para flagrar a cena. Joãozinho mal podia acreditar que aquilo estava acontecendo de verdade. Era a realização simultânea de todas as suas fantasias e de seus mais puros sonhos românticos. Quem poderia imaginar que, aos 16 anos, estaria vivendo uma história de amor com uma mulher fascinante como aquela?

Apesar da grande diferença na experiência de vida, uma comunhão profunda aconteceu entre os dois. O que mais impressionava Chiquinha nos momentos de intimidade com Joãozinho era a verdadeira devoção que ele demonstrava. Ela era sempre a prioridade, estava sempre em primeiro lugar. O rapaz procurava a melhor forma de agradá-la e de satisfazê-la, com uma doçura e uma delicadeza que a deixavam verdadeiramente encantada. Nada poderia ser mais sedutor para quem havia convivido com tantos homens insensíveis ao longo vida.

Ao enamorar-se de um rapaz tão mais jovem e lançar-se de corpo e alma a essa paixão, Chiquinha se via diante de mais um desafio em sua incrível trajetória de superações. Apesar de toda a experiência em vencer obstáculos, no entanto, ela não teve coragem de assumir o relacionamento com Joãozinho em público. Tinha receio da reação da sociedade. Afinal, já era criticada por ser separada, por não conviver com os filhos, por frequentar rodas de boêmios, por usar roupas masculinas e por fumar charutos... Só faltava mesmo aparecer com um homem que podia ser seu filho – na verdade, tinha idade até para ser seu neto.

A primeira reação de Chiquinha foi tentar convencer a si própria de que aquele relacionamento não poderia seguir adiante. Só que, quanto mais conhecia Joãozinho, mais tinha vontade de desfrutar o tempo todo de sua companhia. Enquanto buscavam uma solução para o impasse, os dois passaram a se encontrar às escondidas na casa de Chiquinha. Foi quando ele teve uma ideia. Propôs que viajassem juntos para Portugal, onde poderiam buscar apoio em sua família – que, apesar de simples, certamente os receberia de braços abertos, assegurava Joãozinho. Seria a única forma de viver plenamente aquele amor, que nascia com tanta força, longe das preocupações do cotidiano e das pressões da sociedade.

Para financiar a viagem, Chiquinha reuniu as economias e conseguiu mais algum dinheiro vendendo os direitos de algumas composições. O casal partiu, então, sem alarde, para a Europa. No navio, agiam publicamente como mãe e filho, e na intimidade da cabine como o casal apaixonado que eram. Durante a longa viagem, Joãozinho teve tempo de conhecer profundamente a história de Chiquinha – e ficou ainda mais encantado. Considerada rebelde e desobediente pelo pai, o rigoroso militar José Basileu, desde criança ela demonstrara que não havia vindo ao mundo apenas para cumprir o *script* que se esperava de uma moça bem-criada.

Chiquinha havia apanhado muitas vezes com vara de marmelo e ficado horas ajoelhada no milho, e ainda assim continuava desafiando a convenção de obedecer incondicionalmente ao pai. Ele chegou à conclusão de que o casamento precoce seria a única saída para "domar" a filha. A gota d'água foi a menina ter sido flagrada aos beijos com um padre que lhe fora dar aulas particulares. Depois disso, o pai de Chiquinha tratou de arranjar-lhe imediatamente um noivo. O escolhido foi Jacinto Ribeiro do Amaral, 24 anos, um rapaz bonito – alto, loiro e de olhos claros –, oficial da marinha que assumira também a administração das fazendas deixadas pelo pai. Era um típico "bom partido", e isso supostamente deveria bastar para que Chiquinha se sentisse feliz. Além do mais, caso ela se recusasse a casar com Jacinto, a única alternativa oferecida pelo pai era interná-la em um convento.

Foi assim que, apesar do temperamento forte, Chiquinha não conseguiu escapar de um casamento arranjado quando tinha apenas

13 anos – fase em que sua morenice, ressaltada pelos longos cabelos negros e ligeiramente ondulados, começava a ganhar contornos que despertavam a cobiça masculina. Ao menos José Basileu deu à filha a chance de pedir um piano como presente de casamento. O instrumento se tornou sua válvula de escape para aquela união sem amor. Se não podia fugir do marido e da nova casa, ela fazia questão ao menos de evitar as atividades domésticas tradicionais, como bordado e tricô. Não queria repetir a vida levada por tantas outras mulheres da época, limitadas a cuidar dos filhos e agradar ao marido.

Chiquinha já havia tido aulas de música, como toda "moça de família" da época, mas foi só a partir do casamento que despertou para valer o seu interesse pelas notas e partituras. O piano era a companhia das longas tardes em que, rodeada de escravos que tomavam conta de tudo na casa, ela nada tinha para fazer. Tornou-se, assim, uma estudante de música dedicada e, a partir de certo momento, até mesmo obstinada. Logo viria o primeiro filho, João Gualberto. E, no ano seguinte, Maria do Patrocínio. Mas nem os cuidados com as crianças afastavam Chiquinha do piano. Esse se tornaria um fator decisivo para o desgaste do casamento, pois o marido queria vê-la distante de qualquer atividade que a desviasse da missão de se dedicar a ele e aos filhos.

Quando estourou a Guerra do Paraguai, em 1864, Jacinto vislumbrou uma boa oportunidade de negócio: em sociedade com o milionário Irineu Evangelista de Souza, o barão de Mauá, célebre empreendedor do Império, comprou um navio mercante, o *São Paulo*. A ideia era fretá-lo ao governo brasileiro, que precisava transportar equipamentos, mantimentos e soldados até a região do conflito. Fechado o contrato, Jacinto assumiria pessoalmente o comando da embarcação na primeira viagem. Ciumento, decidiu que levaria Chiquinha, a quem avisou com apenas dois dias de antecedência. Ela relutou, mas acabou embarcando com João Gualberto, que ainda não tinha completado dois anos de vida, enquanto a pequena Maria ficaria sob os cuidados da avó materna.

Chiquinha deu um jeito de continuar respirando música durante a viagem. Jacinto permitiu que ela levasse um violão, considerando que seria bom que a mulher tivesse uma distração. Única presença feminina a bordo, Chiquinha desempenhou um papel importante para aliviar as tensões da tripulação. Além dos efeitos relaxantes dos acordes ecoando pelo convés, ela passou a dar aulas de música aos marinheiros. A relação com Jacinto ia se deteriorando cada vez mais, entretanto. Ele bebia com frequência e começou a se tornar violento, obrigando a mulher a ter relações sexuais contra a vontade.

Na volta da viagem, o marido a pressionou para abandonar de vez a música. Chiquinha descobriu, então, que Jacinto havia ordenado a um empregado que providenciasse a venda do piano – a pior afronta que poderia lhe ter feito. Agora não tinha mais jeito: era ele ou a música. Chiquinha estava pronta para deixá-lo quando descobriu que estava mais uma vez grávida, fato que a obrigou a adiar os planos. Permaneceu triste e enclausurada até o nascimento de Hilário. E então retomou a decisão de abandonar o marido, jamais a música. Saiu de casa e pediu abrigo à mãe, que também estava sozinha – José Basileu comandava tropas na Guerra do Paraguai. Com medo de afrontar o marido, cujas opiniões conhecia muito bem, Rosa não acolheu a filha, mas se propôs a continuar cuidando de Maria do Patrocínio, que já estava acostumada a viver ali, enquanto os dois meninos ficariam com Jacinto.

Como era de se esperar, Jacinto não aceitou pacificamente a decisão – e não foi o único. O pai de Chiquinha considerava que uma mulher que deixava marido e filhos não merecia perdão. Ele não apenas rompeu relações com a filha como proibiu que dali em diante o nome de Chiquinha fosse mencionado dentro de casa. "Para mim ela está morta", decretou. Submissa às decisões do marido, Rosa também se afastou da filha. A partir dali, os avós criariam Maria do Patrocínio dizendo à menina que a mãe havia morrido, enquanto os dois meninos permaneceriam sob os cuidados do pai.

A reação de José Basileu não deixava de ser uma grande contradição, pois ele próprio havia sofrido com a falta de compreensão do pai. De origem aristocrática – era primo do duque de Caxias e tinha como antepassado o poeta Tomás Antônio Gonzaga, herói da Inconfidência Mineira –, o pai de José Basileu não aceitava o ingresso na família de uma mestiça de origem humilde. Rosa era filha de escravos. A união só foi oficializada, e ainda assim em segredo, depois de 17 anos de relacionamento e sete filhos. Chiquinha, a terceira, nasceu do parto mais difícil. Tanto Rosa quanto o bebê estiveram próximos da morte. Por isso a menina foi batizada com o nome Francisca Edwiges, homenagem à santa do dia.

Mesmo durante o longo período em que não assumiu oficialmente o relacionamento com Rosa, José Basileu fez questão de reconhecer a paternidade, batizar as crianças e dar todo o apoio possível. O pai de Chiquinha era instruído e valorizava os estudos – fez questão de proporcionar uma boa formação aos filhos. Contratou um professor particular para as lições de escrita, leitura, cálculo e catecismo, e um maestro para as aulas de piano. As festas na casa de Chiquinha eram sempre animadas por música, graças, sobretudo, a um tio flautista, Antonio Eliseu, irmão de José Basileu. No Natal de 1858, aos 11 anos, incentivada pelo tio, Chiquinha apresentou sua primeira composição, com letra do irmão José Basileu Filho, o Juca – "Canção dos Pastores", com temática religiosa.

Mas esses momentos felizes em família haviam definitivamente ficado no passado. Ao decidir se separar do marido, Chiquinha enfrentava o período mais difícil da sua vida. Além do preconceito social e da dor de ficar longe dos filhos, havia também uma necessidade de ordem prática: assegurar o próprio sustento. Ela precisaria desenvolver alguma atividade que lhe proporcionasse renda, já que de Jacinto ou dos pais certamente não viria apoio – nem ela planejava se submeter à humilhação de pedir ajuda. Qualquer dificuldade parecia menos importante, contudo, quando ela percebia como era bom se sentir, pela primeira vez na vida, livre. Inteiramente livre.

Tal condição a tornava mais disponível para viver uma paixão de verdade. Foi o que aconteceu quando ela reencontrou o engenheiro especializado em ferrovias João Batista de Carvalho, o primeiro João Batista de sua vida. Os dois já se conheciam havia alguns anos, por circularem nas mesmas rodas sociais. Embora tivesse uma profissão ligada aos cálculos e à frieza dos números, ele se mostrava muito mais sensível que Jacinto. Gostava de música e de dança, e isso já era um grande diferencial para Chiquinha. Rico por herança familiar, João Batista era financiador da causa abolicionista, mais um motivo para despertar a simpatia dela – que, neta de escravos por parte de mãe, não se sentia confortável sendo casada com um homem que defendia o regime da escravidão.

Quando os dois começaram o relacionamento amoroso, Chiquinha estava com 26 anos e João Batista com 29. Carvalhinho, como era conhecido, havia sido contratado para trabalhar na construção da Estrada de Ferro Mogiana e a levou para morar em um canteiro de obras no interior de Minas Gerais. Apesar das condições precárias de vida, foram dois anos felizes para Chiquinha. Mas o sonho começou a ruir quando o casal voltou ao Rio de Janeiro. Ela estava grávida e o ex-marido Jacinto não aceitou que os dois vivessem publicamente como casal, pois considerava que isso afetava sua honra – afinal, ainda estava oficialmente unido com Chiquinha e a gravidez era a prova pública e incontestável do adultério. Foi esse o principal argumento do pedido de divórcio que ele encaminhou à Igreja. Naquela época, o divórcio só era concedido em situações extremas – diante de provas de "má-conduta" por parte da mulher, por exemplo.

Toda essa tensão contribuiu para desgastar a relação de Chiquinha com João Batista, que já não era o mesmo homem dedicado de antes. De volta aos ambientes festivos do Rio, ele reassumiu sua antiga personalidade de boêmio e mulherengo. Chiquinha morria de ciúmes, mas durante algum tempo a desconfiança não tinha nome nem forma – até que, ainda grávida, ela flagrou João

Batista trocando beijos com uma dançarina francesa, Suzette. Desiludida, Chiquinha decidiu pôr fim à relação em 1876, quando a pequena Alice já havia nascido. Foram apenas três anos de vida em comum. João Batista não aceitou o rompimento e, da mesma forma que ocorreu em relação a Jacinto, a menina ficou com o pai.

Chiquinha exorcizava seus demônios dedicando-se à música. Depois da desilusão com João Batista, ela compôs "Ingratidão":

Eu não esqueço tua ingratidão
E nunca pude acreditar
No que tu fez comigo

Vou te deixar
E vou te abandonar
E nunca mais quero te ver

A vida é bela
Pra quem sabe amar
E você nunca deu valor
Ao nosso grande amor

Chega de sofrer
Chega de chorar
Agora vou esquecer o que passou
Mas eu não quero acreditar
No que eu chorei, no que eu sofri

Agora vou esquecer o que passou
Não quero te perdoar
Vou machucar seu coração
Você vai ver como é bom cantar
Como é bom viver de recordação

Enquanto sofria as dores de mais uma separação, Chiquinha não conseguiu evitar um desfecho desfavorável para o processo movido por Jacinto. Tentou defender-se alegando maus-tratos por parte do ex-marido, mas não conseguiu provar o que afirmava. O divórcio foi concedido. De acordo com os parâmetros morais da

Amores proibidos na história do Brasil

época, tratava-se de uma grande punição pública para a mulher, uma chaga vergonhosa que teria que ser carregada pelo resto da vida. Era assim, com a vida pessoal, familiar e social esfacelada, que Chiquinha chegava aos 30 anos. Seu pai a renegava, a mãe se afastara, os pais de seus filhos queriam distância dela, as crianças sequer sabiam o nome da mãe e a sociedade a discriminava. Não lhe restava alternativa a não ser mergulhar na música. Seria sua fonte de alegria e também o seu sustento. Uma questão de sobrevivência, em todos os sentidos.

Chiquinha recomeçou a vida instalando-se com seu piano numa casa simples do bairro de São Cristóvão. Passou então a oferecer aulas do instrumento, ao mesmo tempo em que se integrava a conjuntos musicais e criava suas composições. Nessa fase difícil, ela criou o hábito, jamais abandonado, de confeccionar as próprias roupas – sempre em cores escuras e cortes retos, semelhantes aos das roupas masculinas.

Numa das rodas de boêmios que passou a frequentar, ela conheceu o flautista Joaquim Callado, o músico mais famoso do Rio de Janeiro naquela segunda metade do século XIX. Callado ajudou a conseguir alunos para a nova amiga. Além disso, a recebeu como pianista em seu conjunto de choro. Com fama de mulherengo, embora fosse casado, Callado arrastava um bonde por Chiquinha – tanto que chegou a dedicar a ela as polcas "Querida por todos" e "A sedutora". Mas não se sabe se os dois chegaram a ter, de fato, o *affair* que se imagina.

De qualquer forma, a proximidade com Callado traria muitas vantagens para Chiquinha, tanto por ele ser um padrinho influente no meio artístico quanto pelo aprendizado que o talento e o conhecimento musical do flautista lhe proporcionava. Mulato, com sólidas raízes na música popular, Callado mantinha uma grande rivalidade com o belga Mathieu-André Reichert, de formação erudita, contratado pelo Império para integrar a Orquestra do Teatro Provisório. Enquanto Callado usava um instrumento tradicional, feito de ébano – um tipo de madeira –, Reichert trouxera da Europa uma requintada flauta de prata.

Para grande tristeza de Chiquinha e de uma legião de fãs, Callado morreria precocemente, em 1880, com apenas 32 anos, vitimado por cólera. Chiquinha organizou um concerto cuja arrecadação foi entregue à viúva, Feliciana – que superou os antigos sentimentos de ciúmes e agradeceu humildemente pelo ato nobre. Callado vivera o suficiente, contudo, para testemunhar o início da carreira de sucesso da amiga. Quando começou a se enturmar com outros músicos, Chiquinha logo conseguiu publicar sua primeira composição, a polca "Atraente". Naquele período pré-fonógrafo, o único jeito de ouvir música em casa era ter alguém que tocasse as partituras compradas em lojas especializadas. E quase toda família tinha um piano e alguém que dominava razoavelmente o instrumento. As partituras de "Atraente" logo alcançaram um bom volume de vendas.

Para o pai de Chiquinha, ouvir o nome da filha sendo gritado pelos moleques que vendiam as partituras nas ruas era motivo de grande vergonha – em certa ocasião, ele chegou a arrancar os livretos de "Atraente" das mãos de um deles e rasgá-los em praça pública. Sem dar atenção ao que o pai pensava dela ou da carreira que escolhera, Chiquinha não desperdiçou o momento favorável e continuou lançando uma composição atrás da outra. Seu nome se tornou conhecido não apenas no Rio de Janeiro, mas em todo o Brasil, já que as notícias sobre o que acontecia na capital logo repercutiam nos jornais do restante do país.

Na mesma proporção em que as obras de Chiquinha causavam admiração, as reviravoltas da sua vida pessoal começavam a se tornar comentadas. A sociedade da época não estava preparada para uma mulher tão livre e independente. Até ameaças anônimas ela recebia. Em certa ocasião, chegaram a colocar um bilhete embaixo da porta: "A senhora representa o que há de mais nocivo na sociedade brasileira. É um perigo não só para as outras mulheres, mas também para todas as famílias de bem... Um mau exemplo. E o que lhe é mais suave é a morte. A senhora é a morte."

Seriam necessários dez anos de intenso trabalho para que ela conquistasse definitivamente o respeito profissional, tanto como autora profícua de obras populares quanto de composições para teatro. Nem assim seu pai e os homens com os quais havia vivido, Jacinto e João Batista, mostravam-se flexíveis. Perdoá-la não parecia estar nos planos de nenhum deles. Chiquinha também não tentava qualquer tipo de aproximação – considerava-os todos páginas viradas. Mas permanecer afastada dos filhos lhe causava uma dor intensa, que só mesmo a dedicação à música e o convívio com os amigos podiam aliviar.

Foi nessas circunstâncias que Joãozinho surgiu em sua vida, como um sopro de esperança e de confiança no futuro. Tão logo o casal chegou a Portugal, Chiquinha conheceu a família do namorado – que, conforme o rapaz previra, a recebeu muito bem, apesar de toda a estranheza que a situação causava. A maestrina se encantou com a arquitetura que encontrava nas pequenas vilas pelas quais passavam, e também com os campos repletos de oliveiras e as famosas vinícolas da região do Porto. Ao longo da viagem de retorno ao Brasil, Chiquinha amadureceu uma ideia inusitada: apresentaria Joãozinho simplesmente como seu filho. E ponto-final. Um filho que de repente encontrou ou reencontrou em Portugal, sem maiores explicações. Se alguém tentasse se aprofundar no tema, bastava mudar de assunto. E assim foi feito.

A maestrina logo usaria sua influência para empregar o "filho". Joãozinho começou a trabalhar na Buschmann & Guimarães, a mais conhecida loja de pianos e partituras do Rio de Janeiro, editora das composições de Chiquinha e também o local onde ela dava aulas. Curiosamente, o rapaz passou a ser chamado de Gonzaga no ambiente de trabalho, como se realmente carregasse o sobrenome dela.

Enquanto a vida profissional seguia brilhante e a união com Joãozinho lhe dava a serenidade que tanto desejara na vida pessoal,

Chiquinha teria muitos aborrecimentos ao tentar se aproximar dos filhos. Com João Gualberto, o mais velho, até conseguiu estabelecer uma boa relação. Ele havia se mudado para São Paulo, onde se casou e teve uma filha, Walda, que Chiquinha visitava eventualmente. João Gualberto exerceu diversas profissões, sem conseguir se firmar em nenhuma. O outro filho homem da maestrina, Hilário, também não conseguiu se tornar bem-sucedido profissionalmente. Com pouco estudo, tornou-se um humilde sapateiro. Não guardava mágoas da mãe, mas não tinha afinidades com ela que justificassem uma reaproximação. Hilário cuidaria do pai, Jacinto, na velhice — o ex-marido de Chiquinha ficou na miséria e, ironicamente, teve o enterro pago por ela.

Com as filhas, Chiquinha teria mais sobressaltos. Maria enviuvou aos 38 anos e buscou o apoio da mãe famosa, que até então desprezava, para criar os três filhos. Mais ou menos nessa época, Alice, a filha com João Batista, teve a mesma ideia após também ficar viúva, ainda mais cedo que Maria — tinha apenas 28 anos — e com mais filhos, cinco. Alice havia desaparecido completamente da vida de Chiquinha após ter se casado, aos 15 anos, com um homem bem mais velho e ter se mudado para o interior do Rio Grande do Sul.

A maestrina sabia que acomodar uma legião de crianças em casa certamente faria Joãozinho sair correndo pela porta dos fundos. Além do mais, ela não tinha vocação para a clássica cena da avó na cadeira de balanço rodeada por netinhos. Diante do dilema entre ajudar as filhas e parecer uma mãe e avó desnaturada, Chiquinha optou mais uma vez pela fuga. O casal decidiu que voltaria a Portugal, dessa vez para uma temporada mais longa, sem prazo para retorno. Ela havia feito alguns contatos profissionais na Europa e imaginou que seria possível ganhar a vida por lá. Sabia que o maxixe, gênero musical do qual era um dos expoentes, estava fazendo sucesso no Velho Continente, sobretudo por proporcionar aos casais a oportunidade de dançar com os corpos unidos (o estilo musical chegaria a ser excomungado pelo papa Pio X, em 1914, classificado como "coisa do diabo" por ser um tipo de dança "excitadora de desejos censuráveis").

Corria o ano de 1906. O casal se instalou nas proximidades de Lisboa, mas dessa vez Chiquinha se sentia triste, apesar da companhia de Joãozinho. Não conseguia se dedicar ao trabalho, nem tinha ânimo para procurar as pessoas com as quais havia feito contato. Ela começou a se tratar com um médico local, que, além de alguns medicamentos, recomendou descanso e pensamentos positivos – ela precisava esquecer de verdade os problemas deixados no Brasil. Enquanto isso, Joãozinho se virava para assegurar o sustento dos dois. Saiu à procura de interessados em publicar as obras de Chiquinha em Portugal.

Aos poucos, ela foi superando a depressão e se envolvendo com o universo artístico local. As composições populares de Chiquinha logo começaram a fazer sucesso em Portugal, mas ela conquistava respeito também no cenário erudito. No final de 1907, foi convidada pelo Coliseu de Lisboa a integrar um time seleto de maestros que faria uma homenagem ao famoso compositor francês Maurice Ravel. Ficou sob responsabilidade de Chiquinha reger justamente a obra mais famosa de Ravel, o "Bolero". Após dois meses de ensaios à frente da orquestra, a apresentação foi impecável. Ao final, o próprio Ravel subiu ao palco para declarar que aquela havia sido a mais brilhante apresentação do "Bolero" testemunhada por ele.

Ao se aproximar de intelectuais portugueses envolvidos com o movimento republicano – a Monarquia se mantinha a duras penas no país, que vivia sob grave crise financeira –, Chiquinha passou a ser monitorada pela polícia imperial. Em fevereiro de 1908, quando Carlos I foi assassinado e as tensões se agravaram, ela e Joãozinho foram presos. Passaram a noite em celas separadas. Na manhã seguinte, a maestrina foi conduzida ao chefe da Guarda Imperial, conhecido como Dom Henrique, que a "convidou" a tomar um navio de volta ao Brasil. Era quinta-feira e o navio partiria no domingo.

Chiquinha poderia não concordar em sair espontaneamente do país, disse-lhe o comandante da polícia, mas nesse caso João Batista permaneceria preso, acusado de traição à pátria, com grande risco de ser condenado à prisão perpétua ou à deportação na África. Caso ela aceitasse o convite, o rapaz embarcaria junto com ela para o Brasil. Bastaria que Chiquinha arrumasse as próprias malas e as de Joãozinho, e seguisse calmamente para o porto no horário combinado. Sem escolha, Chiquinha aceitou a proposta, temendo que o pacto não fosse cumprido e ela tivesse que embarcar sozinha para o Brasil. Na angústia da noite anterior à viagem, chegou a planejar o que faria caso se visse obrigada a partir sem Joãozinho: pularia no mar para morrer, pois a vida sem o amado não teria mais sentido.

Dom Henrique cumpriu a palavra, contudo. Joãozinho foi entregue no cais por um batalhão de policiais. Chegou com as mãos amarradas para trás, roupas sujas, cabelos desgrenhados e a barba por fazer, dando sinais de que permanecera os três dias sem banho ou qualquer outro tipo de cuidado. Para Chiquinha, o rapaz nunca pareceu tão belo. Ela não conteve o choro ao avistá-lo. Só alguns minutos depois, já dentro do navio – que era de carga, e não de passageiros –, pôde abraçá-lo. Os dois se despediram com acenos dos amigos que foram ao porto acompanhar o desfecho do episódio.

Era um capítulo que se encerrava na vida de Chiquinha e Joãozinho. Agora eles precisariam enfrentar uma realidade difícil: a volta ao Brasil, depois de três anos na Europa. Velhos problemas ressurgiram como fantasmas tão logo o navio ancorou no Rio de Janeiro. O maior deles: as duas filhas de Chiquinha a estavam processando para provar que Joãozinho não era seu filho legítimo. Elas se sentiam revoltadas pelo espaço que o rapaz estava ocupando na vida da mãe – era ele que administrava as finanças de Chiquinha, por exemplo. Mas a maestrina tomara o cuidado de providenciar uma certidão de nascimento que citava os nomes dela e de Jacinto como pais de Joãozinho. Graças a esse documento falso, o processo de Alice e Maria do Patrocínio não obteve sucesso.

Joãozinho conseguiu emprego mais uma vez por influência de Chiquinha – começou a trabalhar como gerente de gravações da Casa Edison, a primeira gravadora do país. Nesse caso, entretanto, o trabalho foi obtido como resultado de um conflito, e não por amizade. A Casa Edison havia sido fundada pelo tcheco Fred Figner, aventureiro que deixara a terra natal aos 15 anos para viver nos Estados Unidos e depois no Brasil. Naqueles primórdios da indústria fonográfica brasileira, Figner enriquecia à custa dos pagamentos irrisórios aos artistas que contratava para gravar discos e por ignorar completamente a questão dos direitos autorais. Durante uma de suas viagens pela Europa, Chiquinha descobriu em Berlim várias de suas composições publicadas sem autorização por um editor alemão. Investigou e chegou ao nome de Figner como responsável pela cessão das partituras. O procedimento era ainda mais condenável porque o editor das obras de Chiquinha no Brasil era a Buschmann & Guimarães, concorrente da Casa Edison e empregadora de Joãozinho antes do período na Europa.

Quando voltou ao Brasil, Chiquinha procurou Figner e conseguiu fazê-lo pagar, como indenização, 15 contos de réis a ela e outros 15 contos de réis à Buschmann & Guimarães. O emprego que ele deu a Joãozinho também fazia parte do acordo. Assim, a paz foi temporariamente selada, mas a semente da discórdia estava semeada. Figner enriquecia cada vez mais explorando a mão de obra dos músicos. Em 1912, concluiu a construção de uma mansão de 23 cômodos que se tornaria referência arquitetônica do Rio de Janeiro e inaugurou a primeira fábrica de discos produzidos inteiramente no Brasil, a Odeon. Enquanto isso, Chiquinha assumia naturalmente o papel de liderança na luta pelos direitos autorais no Brasil. A dedicação da maestrina à causa culminaria, em 1917, com a fundação da Sociedade Brasileira de Autores Teatrais (SBAT), instituição que estabelecia critérios para o recebimento de direitos autorais por parte de autores de peças e de composições musicais para o teatro. Até então, uma peça podia ser encenada infinitas vezes sem que os autores das músicas recebessem qualquer participação.

Em 1920, já aos 73 anos, Chiquinha deu um novo passo de ousadia: em sociedade com Joãozinho e outro português, Paulo Lacombe, fundou sua própria fábrica de discos, a Disco Popular. Era literalmente um negócio de fundo de quintal, pois funcionava num apêndice da residência do casal. A Disco Popular durou apenas dois anos, com produção pequena e tecnicamente limitada. Mesmo assim, teve méritos como o de lançar o primeiro disco de Francisco Alves, que se tornaria um cantor de enorme sucesso.

No final da vida, sempre vestida de preto e com saias longas, que iam até os tornozelos, Chiquinha se tornou cada vez mais voltada à religião. Católica, passava boa parte do dia rezando diante dos oratórios que tinha em casa – a imagem a quem reservava maior devoção era a de Santa Rita. Apesar de todas as esquisitices e rabugices, que foram se agravando com a idade, Joãozinho continuava firme a seu lado, com a mesma dedicação e admiração de sempre. Vez ou outra ressurgia o antigo humor ácido da maestrina. Em certa ocasião, ao ser questionada pelo amigo Francisco Braga se continuava compondo, ela respondeu de bate-pronto: "Que nada, agora só decomponho".

Em 1933, aos 85 anos, Chiquinha concluiu aquela que seria sua última obra, a opereta *Maria*. Viveu até a antevéspera do carnaval de 1935. Morreu serenamente, com Joãozinho segurando suas mãos. Entre seus pertences foi encontrada uma amargurada carta-testamento para os filhos, escrita 15 anos antes. Um dos pedidos era que não colocassem luto. "Tenho horror ao luto e à hipocrisia", dizia o documento. Atendendo ao desejo da amada no leito de morte, Joãozinho mandou registrar na lápide do túmulo de Chiquinha a inscrição "Sofreu e chorou". A maestrina deixou à posteridade 77 obras para teatro e cerca de 2 mil composições de diversos estilos, escritas para diferentes instrumentos. Mais do que isso, as gerações futuras ganharam um exemplo de luta e dedicação à música.

Amores proibidos na história do Brasil

É uma bela história de amor. Uma história que tinha tudo para dar errado, mas se estendeu por 35 anos e só foi interrompida pela morte de Chiquinha. Joãozinho tinha 51 anos quando a perdeu. Pode-se imaginar o quanto ele sentiu a ausência da mulher com a qual vivia desde os 16. Já não havia mais a presença física, mas os dois continuariam unidos por um ideal: Joãozinho se tornou funcionário da SBAT e trabalhou na instituição até morrer, em 1961, aos 77 anos.

Oswald de Andrade e Patrícia Galvão, a Pagu
(1928-1935)

Paulistano de boa cepa, nascido na atual avenida Ipiranga, o irrequieto e ácido escritor Oswald de Andrade conquistou naturalmente o papel de líder do movimento modernista, que balançou os alicerces da provinciana São Paulo nas primeiras décadas do século XX. Era um período de efervescência não apenas artística, mas também política. Em 1917, ano em que os anarquistas organizaram a primeira greve geral do operariado vista na cidade, a jovem Anita Malfatti acirrou o conflito de gerações ao retornar de um período de estudos nos Estados Unidos e expor quadros que subvertiam o padrão estético predominante até então. Quando Monteiro Lobato escreveu um artigo em que desqualificava a pintora e a arte moderna como um todo, foi a voz de Oswald que se ergueu para defendê-la.

Nesse mesmo ano, o rapaz de 27 anos montou em sociedade com o poeta Guilherme de Almeida uma *garçonnière* que se tornaria o ponto de encontro da geração que organizaria a Semana de Arte Moderna de 1922, um dos movimentos artísticos mais importantes da história do Brasil, pelo sopro de inovação que representou. Filho único de uma família abastada que patrocinou seus estudos em Direito e em Ciências e Letras, Oswald podia se dar ao luxo de adiar indefinidamente a procura por um emprego "de verdade" e abrir um negócio só por diversão. Desfrutando de grande popularidade entre os amigos, principalmente por ser dono do Cadillac que servia como meio de transporte oficial da turma, ele levava uma típica vida de dândi, o termo usado na época para designar o que hoje conhecemos como *playboy* ou "filhinho de papai".

Embora não fosse exatamente um galã – era gordinho e ostentava um sorriso meio apalermado –, Oswald tinha uma vida amorosa movimentada. Da primeira ida à Europa, aos 22 anos, ele retornou com uma francesa, Kamiá, que o havia acompanhado em boa parte das andanças ao longo dos sete meses de viagem. Os dois logo teriam um filho, batizado de José Oswald de Sousa Andrade Filho, mas desde o primeiro dia chamado pelo pai de Nonê, apelido que o acompanharia pelo resto da vida. Não demoraria a que Oswald se desvinculasse de Kamiá para viver outras paixões avassaladoras, das quais as mais marcantes foram pela jovem bailarina Landa Kosbach e pela normalista Deise, musa da *garçonnière*, que escrevia poesias assinadas com o pseudônimo Miss Cyclone. Oswald planejava se casar com Deise quando ela adoeceu de tuberculose, vindo a morrer com apenas 19 anos. "Estou só e a vida vai custar a reflorir", lamentou ele.

Em 1926, aos 36 anos, parecia que Oswald iria finalmente acalmar o ímpeto conquistador ao se casar com a pintora Tarsila do Amaral, autora, dois anos depois, do célebre quadro-símbolo do modernismo, *Abaporu*, "o homem que come gente". Filha de um rico fazendeiro do interior de São Paulo, Tarsila havia se separado do primeiro marido, um jovem médico, com quem tivera uma filha. Compartilhando muitas afinidades pessoais e artísticas, Oswald e Tarsila se transformaram no centro de gravidade do modernismo, em torno do qual orbitavam os demais adeptos do movimento – especialmente os mais jovens, muitos dos quais acabavam sendo apadrinhados pelo casal nos primeiros passos como literatos ou artistas.

Um desses talentos que passaram a frequentar a casa de Oswald e Tarsila, quartel-general da trupe, era Patrícia Galvão. Em 1928,

Oswald ouviu falar de uma jovem poetisa e ilustradora que se dizia seguidora do Movimento Antropofágico. Inspirado pelo *Abaporu* de Tarsila, ele acabara de publicar o manifesto em que defendia a ideia de que os brasileiros só deveriam se abrir para a influência estrangeira se soubessem absorver apenas a parte positiva dessa influência – tal como os canibais que devoravam os rivais acreditando que se tornariam possuidores de suas virtudes.

Um amigo em comum, Fernando Mendes, mostrou a Oswald algumas coisas que Patrícia havia escrito. Ele ficou curioso para conhecer a autora daqueles textos tão intensos, sobretudo depois que Mendes acrescentou que a moça tinha apenas 18 anos e era linda. Com todas essas credenciais e a vontade de ganhar o mundo, Patrícia logo estava frequentando a casa de Oswald e Tarsila – e encantando a ambos por sua vivacidade e beleza. Esboçava-se um triângulo que transitaria perigosamente entre a afinidade intelectual, o afeto e o interesse sexual – situação que, a princípio, parece ter contado com a concordância e o entusiasmo da própria Tarsila.

Quanto a Patrícia, não foi Oswald quem mais a impressionou inicialmente no grupo. "Eu me sentia mais atraída por Bopp, que possuía mais simplicidade, menos exibicionismo e, principalmente, mais sensibilidade", descreveria ela, referindo-se ao poeta Raul Bopp. Os dois estiveram à beira de viver um caso de amor que nunca decolou. Bopp a esperava todos os dias à saída da Escola Normal de São Paulo – onde ela estudava para se tornar professora –, e nessas ocasiões conversavam muito. Patrícia dizia que o amigo poeta havia sido o primeiro a ouvi-la verdadeiramente "na exteriorização da revolta contra a maneira de agir e de ser do resto do mundo conhecido". Foi Bopp que criou o apelido Pagu, o sonoro codinome que a acompanharia pelo resto da vida.

Certo dia, Bopp tentou beijá-la, mas ela repeliu a iniciativa do amigo, alegando que não queria estragar a ligação profunda e genuína que havia entre os dois. Mesmo assim, o poeta a manteve como musa:

Amores proibidos na história do Brasil

> *Pagu tem os olhos moles*
> *Uns olhos de fazer doer*
> *Bate-coco quando passa*
> *Coração pega a bater.*
>
> *Passa e me puxa com os olhos*
> *Provocantissimamente*
> *Mexe-mexe bamboleia*
> *Pra mexer com toda a gente.*
>
> *Quero porque te quero*
> *Como não hei de querer?*
> *Querzinho de ficar junto*
> *Que é bom de fazer doer.*

Dona de uma beleza triste e perturbadora – os olhos verdes caídos e a boca sempre pintada em cores escuras davam-lhe um ar de constante nostalgia –, Pagu foi muitas vezes vista pelos homens como mero objeto sexual e se tornou crescentemente revoltada ao perceber isso. Imaginou que o amigo poeta poderia lhe oferecer uma amizade pura e desinteressada. Foi exatamente o que aconteceu a partir daquele momento. Agindo como legítimo cavalheiro, Bopp jamais faria outra investida semelhante. Os dois se tornaram irremediavelmente amigos, quase irmãos. Mais tarde, a própria Pagu daria sinais de arrependimento por ter impedido o primeiro beijo, que poderia ter mudado seu destino.

A razão para que Pagu se sentisse desconfiada de qualquer aproximação masculina vinha da impressionante história de vida que ela carregava, embora fosse ainda muito jovem. Perdera a virgindade aos 11 anos, em um relacionamento com um homem casado, Olympio. Na inocência da infância, a menina acreditou que o rapaz deixaria tudo para ficar com ela. Durante dois anos, eles se encontraram às escondidas, até que Patrícia ficou grávida. No dia em que iria contar a novidade a Olympio, ele avisou que estava partindo naquela semana para os Estados Unidos com a mulher – e que a história entre os dois terminava ali.

A desilusão foi enorme para a menina. Ocorreu então algo que não ficou claro para a posteridade, mas foi certamente muito grave. Acidente? Tentativa de suicídio? Complicações causadas por um aborto? O que se sabe é que a gravidez não evoluiu e que Pagu enfrentou uma longa recuperação. "Tive que deixar a escola. Quase um ano sem poder escrever, sem poder segurar qualquer coisa. Noites e dias presa naquela cama odiosa, sem quase poder falar. Só o pensamento torturante. Os braços, as pernas feridas na parede. Mamãe, as noites comigo", foi o que ela se limitou a relatar sobre esse período.

Como se não bastasse tanto sofrimento, logo viria outra tragédia igualmente devastadora. Recuperada aos poucos da decepção com Olympio, Patrícia se ligou a Euclides, um amigo que, com o tempo, tornou-se namorado. Um dia ele a pediu em casamento, e ela aceitou. Estavam noivos quando decidiram fazer um passeio romântico: colher violetas nos campos próximos à cidade de São Paulo. Nesse meio tempo começou a chover, detalhe ao qual os dois não deram importância. Até fizeram piada: Patrícia prometeu, aos risos, que colocaria violetas no caixão do amado caso ele morresse de pneumonia. Pois ele desenvolveu mesmo uma pneumonia e morreu alguns dias depois.

Após mais essa tragédia, a jovem decidiu se dedicar com força máxima aos estudos – tinha grande capacidade de aprendizado, embora fosse insubordinada. Sua válvula de escape para lidar com tantos sentimentos em ebulição era escrever. Aos 15 anos publicou as primeiras crônicas em um jornal do Brás, com o pseudônimo Patsy. Também gostava de desenhar. Depois que se aproximou dos modernistas, teve seu primeiro desenho publicado na *Revista de Antropofagia*.

Oswald, que não podia ver rabo de saia, assediou a bela jovem desde o primeiro dia. Pagu tinha muita experiência nisso e poderia ter resistido facilmente, se quisesse. Certo dia, no entanto, sem saber exatamente por que, ela cedeu. Sem paixão, sem encanto, sem motivo – havia apenas a admiração por Oswald como intelectual. Homem por homem, teria feito muito mais sentido um envolvimento com Bopp. Mais tarde, ela lembraria com frieza e mágoa do dia em que se entregou a Oswald.

> Um dia imbecil, muito sem importância, sem o menor prazer ou emoção. Eu não amava Oswald. Só afinidades destrutivas nos ligavam. Para não dar importância ao ato sexual, entreguei-me com indiferença, talvez um pouco amarga. Sem o compromisso da menor ligação posterior.

Mas uma conexão foi estabelecida, ainda que sobre bases "destrutivas". Tanto que, no dia 24 de maio de 1928, Oswald e Pagu começaram uma espécie de diário conjunto, ao qual batizaram "Romance da época anarquista ou Livro das horas de Pagu que são minhas". Presume-se, em decorrência disso, que o início do relacionamento dos dois remonte mais ou menos a esse período. Oswald continuava casado com Tarsila, contudo.

Em 1930, o escritor mergulhou intensamente na célebre crise dos 40 anos. No campo político, a consequência foi ter "pendido de vez para o lado esquerdo", conforme ele mesmo definiu. Não que até então fosse de direita – no ano anterior, havia sido expulso do Congresso da Lavoura por ter proposto que os latifundiários paulistas dividissem os lucros da terra com seus empregados. Dali em diante, contudo, Oswald se tornaria oficialmente comunista, em grande parte por influência de Pagu, que se aprofundava cada vez mais no conhecimento da causa operária.

Nascida em uma família de origem burguesa que havia empobrecido – o avô ganhara muito dinheiro como um bem-sucedido construtor de estradas de ferro, mas o pai, advogado, não soube manter o patrimônio –, Pagu cresceu no Brás, cercada por fábricas e imigrantes italianos. Atormentada desde cedo por uma sensação de não pertencimento, ela sempre foi vista e tratada como diferente. As mães das outras crianças não queriam que ela brincasse com suas filhas. Certa vez, por algo que falou ou fez, chegou a ser ex-

Oswald de Andrade e Patrícia Galvão, a Pagu (1928-1935)

pulsa da casa do morador mais rico das vizinhanças, dono de uma livraria. "Eu nunca consegui perceber minha perversidade. Andava tão sozinha", lembrou Pagu, ao sintetizar seus sentimentos da infância. Também não ficava à vontade entre os pais e irmãos, e por isso desejava sair de casa de qualquer jeito. Sentia uma inexplicável indiferença por parte de todos, como se fosse uma estranha. Em contrapartida, havia a relação sufocante com a irmã Syd, dois anos mais nova, que a imitava em tudo.

Se ela saísse de casa sem um "motivo", os pais certamente não compreenderiam tal atitude – e recorreriam ao direito legal de proibi-la, por se tratar de uma menor de idade. Cientes disso, Oswald e Tarsila tiveram a ideia de arrumar um casamento de fachada para Pagu. O "marido" seria um amigo do casal, o pintor Waldemar Belisário, que planejava estudar na Europa e toparia qualquer coisa em troca do custeio da viagem. Até o então governador paulista Júlio Prestes, que também não escondia o encanto pela jovem escritora, participou da armação. Deu um jeito de conseguir a viagem para Waldemar, em troca de algo que Pagu não descreveu explicitamente em seu relato autobiográfico, mas deixou subentendido. "Fui falar com o Júlio. Não sei como me prestei àquilo. Hoje, tudo me parece inacreditável. Mas, naquela época, não havia o menor escrúpulo", escreveu.

O casamento foi marcado para dali a um mês. Tão logo ocorreu a cerimônia, a papelada da anulação foi encaminhada e, com a ajuda de pessoas influentes, o pedido foi concedido em apenas oito dias. Enquanto Waldemar se preparava para desfrutar o prêmio, Pagu seguiu para a Bahia, onde o célebre educador Anísio Teixeira – mais um contato obtido por meio de Oswald – a esperava com uma promessa de emprego. Cerca de um mês depois de chegar à Bahia, contudo, Pagu recebeu um telegrama de Oswald, convocando-a para voltar com urgência a São Paulo. O motivo alegado era a necessidade de resolver complicações relacionadas à anulação do casamento com Waldemar.

Quando chegou a São Paulo, uma grande surpresa a esperava. Oswald anunciou que havia decidido largar Tarsila para ficar com ela, Pagu. Tomara a decisão angustiado pela constatação de que, com a mudança para a Bahia, iria fatalmente perdê-la para sempre. Pagu não sabia como reagir. Detestava a ideia de ser responsável pela separação de um casal tido como perfeito (a ponto de ser muitas vezes chamado de Tarsiwald, como se fossem uma só pessoa) e nem mesmo estava convicta de que gostaria de viver com ele. Anos mais tarde, Pagu lembraria:

> Opus resistência à união com Oswald, mas pouca. Cheguei a deixá-lo no hotel, saindo sem recursos e sem destino pelas ruas. Para que ele não me retivesse, fiz o jogo ridículo de deixá-lo fechado à chave, sem que ele percebesse. Andei até a madrugada para voltar ao hotel, aonde cheguei como um trapo.

E foi assim, um tanto levada pelas circunstâncias, que Pagu iniciou oficialmente seu relacionamento com Oswald, um homem vinte anos mais velho que ela respeitava e admirava – sentimentos que, especialmente entre os jovens, podem ser facilmente confundidos com amor. Tarsila sentiu-se traída por Oswald, claro, mas sobretudo por Pagu, a quem passou a chamar pejorativamente de "a normalista". No ano anterior, ao ser entrevistada pela *Revista para Todos* por ocasião de sua primeira exposição, Pagu, já atormentada pelo sentimento de culpa, havia colocado Tarsila em primeiro lugar na lista das pessoas que mais admirava – seguida por Padre Cícero, Lampião e Oswald, nessa ordem. "Com Tarsila fico romântica. Dou por ela a última gota do meu sangue. Como artista só admiro a superioridade dela", afirmou.

Tarsila estava numa fase especialmente frágil, pois o *crash* da Bolsa de Nova York, em 1929, havia atingido duramente a cafeicultura, principal negócio da sua família. Oswald também teve as finanças abaladas pela instabilidade econômica e pelo fato de ter consumido em festas e viagens boa parte da fortuna herdada do pai, um especulador imobiliário. No caso de Tarsila, a volta por cima não tardou. Logo ela estaria novamente casada – mais uma vez com um médico, a exemplo de primeiro marido – e desfrutando confortáveis condições de vida. Já Oswald se via obrigado a recorrer a empréstimos de agiotas e a penhorar suas obras de arte.

Em meio a toda essa confusão, Pagu engravidou de Oswald. Ele estava apaixonado e nem sentiu o peso da nova responsabilidade, enquanto ela se entusiasmou vivamente com a ideia. Via numa criança a possibilidade de um recomeço, uma razão para viver depois de tantos desencontros. Nos primeiros tempos da gravidez, o casal começou a ter uma rotina doméstica relativamente tranquila e até mesmo feliz. Pagu passava as horas lendo e, quando Oswald chegava, os dois ficavam conversando longamente.

Até que mais uma tragédia ocorreu na vida de Pagu.

> Eu nada sabia dos cuidados que meu estado exigia. Eu ansiava por movimento e naquela tarde eu me atirei no rio Pinheiros. A correnteza era muito forte. Eu não conseguia mais alcançar a margem. Uma hora de luta contra as águas. [...] Quando consegui sair do rio, já noite, todo o mal estava feito. Ainda a caminhada até em casa, as dores, a roupa molhada. Fui para a maternidade. Todos os brinquedos que já havia comprado. O cadaverzinho.

Apenas ao final dos dez dias em que permaneceu hospitalizada ela pôde ir ao cemitério visitar o túmulo.

Apesar de toda a tristeza com a perda do bebê, ela se comoveu com os cuidados demonstrados por Oswald. Começou a acreditar que, sim, talvez estivesse ali o homem da sua vida. Ainda não o amava, mas eles tinham muitas afinidades e poderiam construir um laço profundo. Os dois decidiram, então, que se casariam oficialmente. Na véspera da cerimônia, Pagu resolveu fazer uma surpresa e foi visitar Oswald bem cedo no hotel em que ele estava hospedado. Chegando lá, flagrou-o com outra mulher – e Oswald reagiu com a maior naturalidade.

Mandou-me entrar. Apresentou-me a ela como sua noiva. Falou de nosso casamento no dia imediato. Uma noiva moderna e liberal capaz de compreender e aceitar a liberdade sexual. Eu aceitei, mas não compreendi. Compreendia a poligamia como consequência da família criada em bases de moral reacionária e preconceitos sociais. Mas não interferindo numa união livre.

O comportamento de Oswald estava em sintonia com tudo o que sua obra representava, subjetiva e objetivamente. Desde o primeiro romance que publicou, *Alma*, em 1922, ele passou a simbolizar a ruptura de parte da literatura brasileira com a concepção clássica de amor. Além do mais, a antropofagia pregava a prática de uma sensualidade livre e sem amarras da moral burguesa. Pagu fingiu concordar com a situação, mas enfrentava naquele momento uma profunda decepção, sentimento que minaria irremediavelmente a relação do casal. Com um sorriso que simulava cumplicidade, ela se sentou à mesa para tomar café com o noivo e a mulher que o acompanhava.

Os planos de casamento seguiram normalmente. Como não poderia deixar de ser no caso do excêntrico Oswald, a cerimônia foi realizada em local peculiar: no cemitério, defronte ao jazigo da família dele. O relato de Oswald sobre a cerimônia, realizada em 5 de janeiro de 1930, evidencia uma contradição – a expectativa de que Pagu lhe fosse fiel. Ao menos é o que se pode concluir da menção a "um ponteiro só":

> Nesta data contrataram casamento a jovem amorosa Patrícia Galvão e o crápula forte Oswald de Andrade. Foi diante do túmulo do Cemitério da Consolação, à rua 17, número 17, que assumiram o heroico compromisso. Na luta imensa que sustentam pela vitória da poesia e do estômago, foi o grande passo prenunciador, foi o desafio máximo. Depois se retrataram diante de uma igreja. Cumpriu-se o milagre. Agora sim, o mundo pode desabar. Agora todas as horas de Pagu são minhas. Eu sou o relógio de Pagu. Ela gosta e vive do meu ponteiro. Um ponteiro só. [...] Quando morrer serei a morte de Pagu. Hoje sou o dia de Pagu.

Logo Pagu estaria novamente grávida. E mais uma vez apostou que a criança poderia lhe trazer a felicidade com a qual tanto sonhava. Passou a ter a expectativa de que a maternidade seria de tal forma realizadora que tornaria insignificantes as atitudes de Oswald que a deixavam magoada. Ele continuava procurando outras mulheres – e passou a relatar abertamente a Pagu seus feitos sexuais, sem o menor pudor, como se ela fosse um amigo de bar, e não sua esposa.

Certa noite, já no final da gravidez, Oswald saiu de casa dizendo que tinha marcado um encontro com uma certa Leila – e contou tintim por tintim as etapas da conquista e as razões que o levavam a acreditar que naquela noite haveria algo especial à espera dele. Alegava se tratar de um caso de mera "curiosidade sexual", pois queria apenas checar se a moça era virgem ou não. Para Pagu, esse tipo de descrição soava agressivo demais:

> Ocultei o choque tremendo que essas palavras produziram. Tínhamos decidido pela liberdade absoluta pautando nossa vida. Era preciso que eu soubesse respeitar essa liberdade. Sentia o meu carinho atacado violentamente, mas havia a imensa gratidão pela brutalidade da franqueza.

Assim que Oswald saiu para se encontrar com Leila, Pagu começou a chorar e sentiu o colo ser alagado pelo leite que escorria espontaneamente dos seios. A verdade é que ela vivia num dilema entre continuar parecendo "moderna" e admitir que gostaria de ter um relacionamento à moda antiga. Fingia que concordava e que aceitava tudo aquilo, mas sofria profundamente. Quando o marido voltou, Pagu ouviu os relatos sexuais com um sorriso forçado, fingindo compreensão com o que anos mais tarde ela qualificaria como "esnobismo casanovista". "Oswald não se interessava por mulher, mas por deslumbrar mulheres. Isso tudo lhe dava, a meus olhos, uma faceta infantil, que chegava a provocar minha complacência e muitas vezes até minha ternura", escreveu, acrescentando que o marido se sentia compelido a "demonstrar uma virilidade na qual nem mesmo ele acreditava".

Em novembro daquele louco e intenso ano de 1930, quando o pequeno Rudá já completava dois meses, o casal resolveu fazer um passeio em família até Campinas. Ao final de um dia que Pagu classificou como "esplêndido" a ponto de fazê-la imaginar que seria possível recuperar a relação e reconstruí-la em outras bases, hospedaram-se em um hotelzinho. Naquela noite, Oswald procurou o corpo de Pagu pela primeira vez desde o nascimento do bebê. Ela, por sua vez, sentiu que estava mais desperta sexualmente após ter se tornado mãe. Tudo caminhava para uma boa oportunidade de romantismo e reconciliação. Até que, mais uma vez, ele a decepcionou profundamente. Pagu descreveu:

> Eu começava a perceber que se podia conseguir mais do ato sexual, que para mim nunca passara de uma dádiva carinhosa de meu corpo ausente. Mas, quando todos os meus nervos, que só conheciam a oferta, começaram a procurar, surgiu a chicotada fatal, ferindo mortalmente os meus sentimentos afetivos diante do que naquele momento me pareceu imundície. "Você quer gozar com o empregadinho que traz o café? Não é verdade que você o deseja?".

Ela credenciou a esse exato momento a aversão ao sexo que a dominaria por muito tempo dali em diante, não apenas em relação ao próprio Oswald, mas aos homens em geral. Chegou a imaginar que nunca mais suportaria o contato masculino. E concluiu:

> Pensei no dia cheio de esperança, na tarde linda, no empregadinho de cara redonda de bobo, cheia de saliências de pus. E naquele homem ao meu lado, auxiliando o coito sórdido com oferta de machos. Talvez, numa outra ocasião, a minha reação não fosse tão intensa, nem me surpreendesse tanto, mas naquele momento foi odiosa. E nem as lágrimas de dor e repugnância foram compreendidas. Foram a única expressão da minha dor e revolta. Mas foram atribuídas ao prazer, ao prazer que de fato sentira inicialmente, para minha vergonha e humilhação.

Uma semana depois do retorno a São Paulo, ela tomou uma decisão drástica: deixaria Oswald e o bebê para fazer uma viagem sem previsão de volta. Naquele momento, sua necessidade de fuga era maior até que o amor que sentia pelo filho. Precisava encontrar uma causa para continuar vivendo – e acreditava que a luta política podia ser essa causa. Oswald aceitou cuidar de Rudá enquanto Pagu estivesse fora. A viagem começaria por Buenos Aires, onde ela participaria de um encontro de escritores e pretendia se encontrar com Luís Carlos Prestes, o célebre líder comunista que estava exilado na Argentina. Obtivera com um conhecido em comum o endereço de Prestes, que dividia um modesto apartamento com suas duas irmãs.

Ao chegar ao endereço de Buenos Aires, Pagu foi informada pelas irmãs que Prestes estava viajando pelo interior da Argentina. Elas a ajudaram a encontrar um hotel – havia sido recusada em vários por ser uma mulher desacompanhada – e a orientaram a aguardar o contato do irmão, caso ele tivesse interesse em fazê-lo. Enquanto esperava, Pagu ia se enturmando com os intelectuais da vanguarda argentina – mas achou tudo muito chato.

> Aquelas assembleias literárias, como eram enfadonhas. O ambiente idêntico ao que conhecia cercando os intelectuais modernistas do Brasil. As mesmas polemicazinhas chochas, a mesma imposição da Inteligência, as mesmas comédias sexuais, o mesmo prefácio exibicionista para tudo.

O poeta Jorge Luís Borges, por exemplo, invadiu o quarto de Pagu e tentou agarrá-la cinco minutos depois de conhecê-la.

Passaram-se algumas semanas até que Pagu finalmente recebesse a visita de um enviado de Prestes, que lhe entregou folhetos de propaganda do partido e muitos outros materiais, incluindo livros marxistas editados na Argentina. No dia seguinte, porém, chegou um telegrama de Oswald mencionando doença grave de Rudá e informando que a passagem já estava comprada para que ela voltasse imediatamente ao Brasil. Quando Pagu chegou a São Paulo, o bebê já estava recuperado – não era nada grave, na verdade. Oswald tinha mais uma vez aplicado o "golpe do telegrama". Sentindo-se novamente presa à mesma rotina, Pagu entrou em desespero. Um dia parou em um bar e bebeu sucessivas doses de conhaque, até quase perder a consciência. Foi levada para casa por um amigo que por acaso estava passando e a viu naquele estado. Depois disso, muitas vezes saía a caminhar sem rumo, frequentemente aos prantos.

O crescente entusiasmo pelo comunismo era sua única válvula de escape. Oswald percebeu que aquela poderia ser uma forma de estabelecer um vínculo mais forte com Pagu e começou também a se interessar pelas doutrinas do partido. Em 1931, os dois resolveram fundar juntos o jornal *O Homem do Povo*. A causa em comum fez com que Pagu e Oswald se sentissem, de fato, mais próximos – e capazes de superar qualquer mágoa em nome de um objetivo maior. *O Homem do Povo* era um semanário irreverente, que não poupava ninguém em seus ataques. Pagu fazia cartuns e escrevia uma coluna, chamada "A Mulher do Povo", em que satirizava os hábitos da sociedade paulistana.

Depois do oitavo número, lançado no início de abril, o jornal foi empastelado por estudantes da Faculdade de Direito indignados com um artigo em que Oswald chamou a instituição, onde ele próprio havia estudado, de "cancro da sociedade". A confusão começou no final da manhã, quando um grupo de cerca de cinquenta estudantes chegou à praça da Sé, sede do jornal. Quando iam subir as escadas, deram de cara com Oswald, descendo. Diante das ameaças de agressão ao marido, Pagu apareceu armada de revólver e chegou a fazer dois disparos, o que só exaltou ainda mais os ânimos. Oswald e Pagu foram salvos pela chegada do policiamento, que os levou para a delegacia sob gritos de "lincha!" e "morra o comunismo!". Nesse momento, Pagu conseguiu ainda se atracar com dois estudantes e feri-los com as unhas, fato que levaria os rapazes a processá-la. O jornal teve os equipamentos destruídos pelos manifestantes revoltados e foi proibido pela polícia de voltar a circular.

O empastelamento foi noticiado por todos os jornais – e apoiado por muitos deles. Descreveu o *Jornal da Noite*, com a linguagem empolada típica da época – que os modernistas criticavam, a propósito:

> A liberalidade inédita do jornalista, que atacou, sem razão, o vetusto e glorioso edifício, de onde, anualmente, uma plêiade de moços sai trazendo nos olhos a fagulha da inteligência sadia e brilhante e segue à conquista de grandiosos ideais, provocou, como era de se esperar, a justa repulsa e revolta nos espíritos dos estudantes que resolveram castigar o autor da ofensa.

Depois de toda a confusão, em meio a ameaças anônimas e complicações de todo tipo, Oswald e Pagu decidiram escapar para Montevidéu. Não foi uma escolha aleatória: Luís Carlos Prestes havia sido expulso da Argentina e estava na capital uruguaia. Pagu não desistira de conhecê-lo. O tão esperado encontro finalmente ocorreu quando, no dia seguinte à chegada, o casal foi procurado por um homem de "aparência medíocre", como Pagu definiu. Era Prestes em pessoa.

Acompanhados de alguns comunistas locais, os três conversaram durante três dias e três noites, praticamente sem dormir, abastecidos apenas por sucessivas xícaras de café. Conhecido pelo apelido Cavaleiro da Esperança, Prestes surgia para Pagu como um exemplo vivo de abnegação, pureza de convicção e espírito de sacrifício.

> Fez-me ciente da verdade revolucionária e acenou-me com a fé nova. A alegria da fé nova. [...] Falava lentamente, com a calma e a serenidade dos que sabem que não adiantam catadupas de palavras [...], como se eu fosse a única pessoa no mundo que necessitasse ser recrutada para o Partido e que Prestes só tivesse isso como tarefa. Tive de Prestes uma impressão magnífica e foi essa impressão que, em grande parte, me jogou na luta política.

A partir desse encontro, tanto Pagu quanto Oswald ingressaram oficialmente no Partido Comunista. Para ela, que crescera em uma vila operária e testemunhara muitas greves, a temática proletária soava familiar. Para ele, típico filho de papai paulistano, nem tanto.

Os dois começaram a estudar as teorias marxistas e o relacionamento se tornou quase que inteiramente voltado à causa política. Pagu já não se importava mais com a libidinagem do marido – a indiferença tomou conta dela nesse aspecto.

> Mas dentro do desinteresse das nossas relações íntimas, manifestava-se ainda qualquer coisa de muito sutil que impregnava os nossos 'bons dias' de um sorriso camarada e de clara solidariedade o nosso aperto de mão. Logo compreendi o que determinava essa voluntária comunicação que não queria deixar de existir. Oswald nunca mentira para mim. Essa honestidade, essa lealdade dentro da vida comum quase não foi sentida no início, mas depois explicou a aliança que me prendeu tanto tempo.

Com suas convicções políticas cada vez mais efervescentes, ela não via a hora de partir da teoria para a ação. Soube que haveria uma reunião do Sindicato de Construção Civil de Santos e foi até lá, acompanhada de Oswald e Rudá. Combinou encontro com um dos líderes do sindicato, de codinome Villar, e o ajudou a redigir um manifesto. Ao caminhar ao lado de Villar pelas ruas à beira-mar, sem maquiagem no rosto, sentindo o cheiro da maresia e usando um vestido branco simples, Pagu sentia-se livre, útil e feliz. Estava determinada a lutar até as últimas consequências pela libertação dos trabalhadores. "Perturbada, desde esse dia, resolvi escravizar-me espontaneamente, violentamente. O marxismo. A luta de classes. A libertação dos trabalhadores. Por um mundo de verdade e de justiça. Lutar por isto valia uma vida. Valia a vida", considerava.

Enquanto Pagu permanecia em Santos para ajudar a organizar o movimento sindical, Oswald retornava a São Paulo com o pequeno Rudá. Logo Pagu seria presa pela primeira vez, enquanto distribuía panfletos. Mas não se acovardou. Ao ser libertada, continuou agindo. Mudou-se de vez para Santos e, com documentos que lhe concediam uma nova identidade, tentava obter emprego em uma fábrica, com a missão de mobilizar secretamente os operários em torno da causa.

130

Alguns dias depois, um comício terminou em confronto com a polícia no momento em que Pagu discursava. O estivador Herculano de Sousa, um dos membros do partido, foi atingido por um tiro nas costas e morreu nos braços de Pagu – momento marcante na trajetória da jovem militante. Ali, diante das últimas palavras de um legítimo mártir da causa operária – "continue o comício", pediu Herculano –, ela reforçou a convicção de que faria qualquer coisa para lutar contra as injustiças do mundo.

Durante a confusão, Pagu foi presa mais uma vez. Depois de um mês na cadeia, ganhou permissão para receber a visita de Oswald e de Rudá, exatamente no dia em que o menino completava 1 ano, 25 de setembro de 1931. Pagu emocionou-se ao ver o bebê dar seus primeiros passos oscilantes. Aos olhos do partido, contudo, sentimentalismos não combinavam com a missão comunista. Assim que deixou a cadeia, Pagu recebeu a ordem de se afastar definitivamente de Oswald, sobre o qual pairavam dúvidas pelas origens burguesas e pela manutenção de hábitos considerados repulsivos, como usar camisas com as iniciais bordadas. Pagu teria que deixar até o mesmo o filho pequeno para trás, pois teria uma missão a cumprir no Rio de Janeiro.

O afastamento da família seria etapa fundamental da "proletarização" exigida pelo partido de todos os seus membros. Considerando sua missão política mais importante que tudo, Pagu aceitou a imposição e avisou Oswald. Com serenidade, ele disse apenas que esperaria o tempo que fosse preciso para tê-la de volta em casa, e que cuidaria de Rudá com todo o carinho, para que o menino sentisse o mínimo possível a falta da mãe. Assim que chegou ao Rio, Pagu foi instalada em um hotel precário por dois dias, até ser transferida para um cortiço da Penha. Chegou a conseguir trabalho como jornalista no *Diário da Noite*, mas foi proibida pelo partido de exercer atividades intelectuais – ela teria que provar sua verdadeira entrega à causa executando uma função puramente braçal. Seria preciso sentir na pele a exploração à qual a classe trabalhadora era submetida. Só ao ingressar numa metalúrgica, onde cumpria expedientes extenuantes de 12 horas diárias, Pagu passou a ser considerada uma "comunista sincera", digna de receber tarefas mais importantes.

A conferência nacional do partido se aproximava e ela esperava participar das discussões junto com os líderes comunistas, mas foi convocada apenas para ser vigia. Recebeu uma arma e cumpriu plantões de quatro horas no meio do mato e do barro. Foi então considerada digna do "privilégio" de se mudar para uma república da Lapa que abrigava vários militantes do partido. "Ali julguei ver realizado um velho sonho meu. Sempre sonhara ver reunido num bloco só de afeto e solidariedade um grupo de jovens de ambos os sexos, em que a questão sexual não entravasse a comunicação e o sentimento afetivo." Naquele grupo, uns trabalhavam e outros não, mas tudo era repartido igualmente. Como era de se esperar nessas circunstâncias, o sentimento de solidariedade foi se degenerando pouco a pouco, até chegar ao ponto de ruptura total. A gota d'água foi a morte, em circunstâncias misteriosas, da caçula do grupo, Hélia, de apenas 15 anos.

Pagu mudou-se, então, para um quarto no Catete, dividido com uma mulher que pedia esmolas. Alimentava-se mal e tinha que suportar o cotidiano pesado na metalúrgica. Certo dia, carregou um peso além do que podia e sentiu uma dor aguda – havia sofrido desvio de útero. Ela precisaria ser operada, o que exigia certa quantia em dinheiro. O partido a mandou, então, de volta a Oswald, que a recebeu de braços abertos e deu um jeito de custear o tratamento médico. Os dois passaram, então, a viver mais uma vez sob o mesmo teto. Mas o convívio tornou-se estritamente intelectual, com a manutenção da liberdade de cada um.

Diante daquela reaproximação com o "suspeito" Oswald, o partido suspendeu Pagu por tempo indeterminado. Ela decidiu que continuaria trabalhando pela causa, mas de forma intelectual e à margem das ordens do partido. Foi quando escreveu o romance

Parque Industrial, composto por fragmentos da vida proletária no Brás, o bairro paulistano em que crescera. Um dos aspectos denunciados em linguagem bastante direta era a exploração sexual das operárias por parte dos patrões, que prometiam casamento e depois as abandonavam à própria sorte. A obra, assinada com o pseudônimo Mara Lobo, uniu elementos autobiográficos da autora a um estilo de escrita que, baseado em ações rápidas, era visivelmente influenciado por Oswald. Ele bancou a publicação do livro, enquanto concluía *Serafim Ponte Grande*, obra em que radicalizou ainda mais os experimentos feitos em *Memórias Sentimentais de João Miramar*.

Apesar da afinidade intelectual com Oswald, Pagu sentia falta de um homem que exercesse o papel de companheiro em um sentido mais amplo. Aproximou-se então de Geraldo Ferraz, escritor e jornalista, amigo da mesma época em que ela conheceu Oswald. Os dois passavam muitas tardes conversando. Geraldo era gordinho e não tinha muitos encantos físicos, mas sabia ser delicado e atencioso com uma mulher.

Pagu voltou, então, a ser convocada pelo partido, que cancelou seu afastamento e lhe transmitiu uma missão anunciada como extremamente nobre e secreta: integrar o misterioso Comitê Fantasma. Em troca da imensa confiança que estava recebendo, seria preciso demonstrar o máximo do espírito de sacrifício. Nenhuma pergunta ou contestação poderia ser feita às ordens transmitidas. Pagu aceitou, mais uma vez, as condições impostas. A primeira missão era espionar membros do próprio partido, utilizando todos os recursos ao seu alcance – inclusive favores sexuais – para obter as informações necessárias. Ela logo se entregaria a um dos informantes, num acordo com regras claras: depois de uma noite juntos, ele passaria as informações que Pagu queria. Assim foi feito. Cega pela determinação em cumprir as diretrizes do partido, só mais tarde ela se daria conta do absurdo dessa e de tantas outras situações.

Chegou um momento em que, cansados de tudo, Pagu e Oswald perceberam que era preciso recomeçar a vida em algum lugar distante. Iriam para Paris com Rudá. Assim que soube dos planos, contudo, o partido a designou para visitar a Rússia numa missão oficial. O detalhe é que a viagem teria que ser custeada por eles próprios. Apesar de estarem atravessando um período de dificuldades financeiras, Pagu convenceu Oswald da importância da missão – além do mais, alegava, seria a realização de um sonho para ambos. Ela tentaria ganhar algum dinheiro enviando reportagens para jornais como o *Diário de Notícias* e o *Correio da Manhã*, do Rio de Janeiro, e o *Diário da Noite*, de São Paulo, para os quais já contribuía com certa regularidade. Ficou combinado que Pagu iria na frente, partindo em um navio para o Japão, e Oswald seguiria com Rudá dois meses depois. Nesse período, tentaria conseguir mais dinheiro para manter a família durante a viagem. O encontro seria na China.

Pagu era uma jovem destemida de apenas 23 anos que enfrentaria sem receios uma longa viagem para um mundo desconhecido, repleto de perigos e aventuras em potencial. Depois de uma série de escalas, incluindo um mês nos Estados Unidos – de onde enviou algumas reportagens para os jornais dos quais era colaboradora –, ela finalmente chegou ao Japão, onde o amigo Raul Bopp ocupava o cargo de cônsul do Brasil na cidade de Kobe e estava pronto para recebê-la e guiá-la. Pagu logo estava envolvida com os conflitos e aspirações da classe operária japonesa, para preocupação de Bopp, que tentava protegê-la como podia.

Do Japão, ela seguiu para a China, para também conhecer a realidade local e de onde planejava partir rumo a Moscou pela inóspita ferrovia Transiberiana. Para cumprir o plano, contava com uma boa quantia de dinheiro emprestada por Bopp. Consternada com a miséria absoluta que viu em diversas regiões da China, ela decidiu antecipar a viagem a Moscou tão logo obteve os documentos necessários. Não iria esperar por Oswald – mas relatava cada um de seus passos a ele, por meio de cartas em que o chamava por apelidos carinhosos, como Dinho e Didinho.

No caminho para Moscou, Pagu começou a se sentir mais uma vez entusiasmada e engajada, credenciando os erros do partido no Brasil à imaturidade que, na Rússia, certamente já estaria superada. Chegando ao destino, procurou um oficial, Boris, a quem levava uma carta de recomendação. Ele fora designado para recebê-la por falar espanhol. Pagu o encontrou vivendo em um hotel luxuoso, fato que a deixou com um pé atrás. Ele a levou para jantar e, naquela mesma noite, tentou beijá-la – a exemplo do que vários outros companheiros do partido no Brasil haviam feito sempre que tinham oportunidade. Depois de recusar o beijo, Pagu saiu a caminhar com Boris pela praça Vermelha e logo foi interpelada por uma menina pedindo esmolas. "Todas as conquistas da revolução paravam naquela mãozinha trêmula estendida para mim, para a comunista que queria, antes de tudo, a salvação de todas as crianças da Terra."

Pagu se sentiu então acometida por

> uma tristeza imensa, uma fadiga quase sem terror, como se o mundo estivesse se desfazendo sem que eu me apavorasse. Fiz o que pude para acreditar nas justificativas que Boris me apresentava. "São vagabundos que não querem trabalhar e fazem sabotagem à construção do socialismo." Mas como? Crianças vagabundas?

Decepcionada e atordoada, Pagu cumpriu o plano original e partiu para a França em dezembro de 1934, um ano depois de ter deixado o Brasil. A essa altura, Oswald já desistira de encontrá-la, pois nada do que havia sido combinado estava sendo cumprido por ela. Ele julgou que seria muito arriscado sair mundo afora, com uma criança a tiracolo, à procura de uma mãe que não parecia muito preocupada com o filho.

Em Paris, Pagu ingressou no Partido Comunista local com o codinome Léonie e conseguiu emprego no jornal *L'Avant-Garde*. Também fazia bicos como tradutora de filmes. Hospedou-se na casa do escritor surrealista Benjamin Péret, que conhecera no tempo em que o francês morou no Brasil – era colaborador da *Revista de Antropofagia* até ser expulso do país pelo governo de Getúlio Vargas, em 1931. Depois de ter sido presa três vezes em manifestações de rua, de onde saiu com ferimentos decorrentes das agressões dos policiais, Pagu foi mandada de volta ao Brasil em meados de 1935, escapando de um destino bem pior: muitos comunistas capturados naquele período eram enviados à Itália ou à Alemanha, onde eram sumariamente executados.

Todos os desencontros da viagem foram fatais para a relação de Pagu e Oswald, definitivamente rompida. Ele concordava em teoria com os princípios comunistas, mas não entendia como Pagu aceitava se submeter a tantos sacrifícios pessoais em nome de uma utopia. Enquanto Pagu sentia a necessidade de agir efetivamente, ele se contentava em se dedicar apenas intelectualmente a essas questões.

Em janeiro de 1936, Pagu foi presa em meio à "caça às bruxas" feita pelo governo de Getúlio Vargas como retaliação à Intentona Comunista, movimento liderado por Luís Carlos Prestes que tentou tirar o presidente do poder. Condenada a dois anos de prisão no Rio, ela conseguiu escapar em 1937, antes de cumprir toda a pena. Foragida, apareceu nos jornais como inimiga número 1 de Getúlio Vargas. Alheio às confusões envolvendo Pagu, Oswald unia-se à pintora e poetisa Julieta Bárbara Guerrini. Embora estivesse sempre às voltas com a falta de dinheiro, Oswald promovia nessa fase grandes festas em seu apartamento, reunindo boa parte da intelectualidade paulistana de vanguarda. Ficava evidente o contraste entre os caminhos escolhidos por cada um deles.

Presa novamente em 1938, Pagu foi condenada a mais dois anos de prisão, cumpridos integralmente dessa vez. Libertada finalmente em 1940, ressurgiu irreconhecível. Triste, entregue à depressão, fumando sem parar. Tinha apenas 30 anos, mas em quase nada fazia lembrar aquele cometa cheio de brilho que encantara a todos apenas dez anos antes. Rompeu definitivamente com o Partido Comunista quando por fim percebeu o quanto havia sido usada.

136

Oswald de Andrade e Patrícia Galvão, a Pagu (1928-1935)

"De degrau em degrau desci as escadas das degradações, porque o partido precisava de quem não tivesse um escrúpulo, de quem não tivesse personalidade, de quem não discutisse. De quem apenas aceitasse", constatou.

Foi nesse momento que Pagu escreveu um longo depoimento autobiográfico, origem da maior parte das citações reproduzidas neste livro. Afirmando que Pagu ficaria no passado – quem estava voltando à vida dali em diante era simplesmente Patrícia Galvão –, ela se casou com o fiel amigo Geraldo Ferraz, que se manteve sempre por perto no período da prisão, ao contrário de Oswald. "Pagu era o rótulo que parecia designar, segundo ela, uma pessoa que já não existia. Alguém que morrera há muito tempo, vítima do esmagamento de seus entusiasmos juvenis por engrenagens implacáveis", escreveria Ferraz. No ano seguinte, nasceria Geraldo Galvão Ferraz, filho do casal. Em 1942, Oswald, já separado de Julieta, casou-se mais uma vez, com Maria Antonieta d'Alkimin, que lhe daria mais dois filhos e com quem viveria até seus últimos dias.

Desfrutando a parceria reconfortante de Geraldo, Pagu entrou numa fase de dedicação plena ao trabalho como jornalista e escritora, sua grande vocação, tantas vezes interrompida e atrapalhada pela militância política. Atuou nos jornais *A Manhã* e *O Jornal*, do Rio de Janeiro, escreveu contos policiais para a revista *Detective* – utilizando o inusitado pseudônimo King Shelter – e publicou, em parceria com Geraldo, o romance *A Famosa Revista*. Em 1945, iniciou uma ligação de 11 anos com a agência de notícias France-Presse. Paralelamente, trabalhou como tradutora da *Antologia da Literatura Estrangeira*, que reunia grandes nomes da literatura mundial.

Apesar de tantas atividades e da vida compartilhada com um homem bom e compreensivo, havia uma sensação de tristeza que não a abandonava. Pagu provavelmente sofria de depressão, numa época em que a doença era ainda pouco conhecida e diagnosticada. Em 1949, tentou suicídio. Mas conseguiu superar a fase mais difícil para viver uma década movimentada. Candidatou-se

137

Amores proibidos na história do Brasil

a deputada estadual pelo Partido Socialista Brasileiro, estudou na Escola de Arte Dramática, mudou-se para Santos – sempre adorou o mar e sentia necessidade de estar perto dele –, dirigiu uma peça e escreveu uma das primeiras colunas especializadas em TV no país, tudo isso sem abandonar as atividades de jornalista e tradutora.

Em meio a esse período de intensa atividade, Pagu enfrentou o baque da morte de Oswald, em 1954, aos 64 anos, pobre e quase esquecido. Pouco antes de morrer, vitimado por complicações decorrentes do diabete, ele tentou explicar a si próprio. "Sou sentimental, inquieto e agrário. Talvez por isso tivesse me casado e divorciado diversas vezes... Ainda sob o aspecto psicológico, faço fiado facilmente. Quero dizer que tenho a fé abundante. Cheguei a acreditar até em banqueiros." O tempo havia passado, a vida os havia distanciado, mas, ao tomar conhecimento da notícia, Pagu foi acometida de sentimentos dúbios. Ela não sabia dizer, no final das contas, se a relação com Oswald lhe proporcionara mais coisas boas ou ruins. Só sabia que carregava muita ternura por aquele homem que, na essência, não passava de uma criança grande.

Alguns anos depois, Pagu afirmaria que desejou ter-se entregado completamente a um homem, mas nunca encontrou uma resposta à altura. "Ser possuída ao máximo. Sempre quis isto. Ninguém alcançou a imensidade de minha oferta", escreveu. Magoada em relação a Oswald, disse: "Talvez se o tivesse amado chegasse a odiá-lo dentro do meu desprezo. Mas nunca amei Oswald. O meu amor exige deslumbramento e Oswald nunca conseguiu me alcançar." Em 1962, Pagu teve um câncer diagnosticado. Viajou a Paris para uma cirurgia, mas o resultado não foi o esperado. Voltou a Santos, onde morreu no dia 12 de dezembro, aos 52 anos.

Seu último texto havia sido publicado em setembro no jornal local *A Tribuna* – um poema intitulado *Nothing:*

Trouxeram-me camélias brancas e vermelhas
Uma linda criança sorriu-me quando eu a abraçava
Um cão rosnava na minha estrada
Um papagaio falava coisas tão engraçadas
Pastorinhas entraram em meu caminho
Num samba morenamente cadenciado
Abri o meu abraço aos amigos de sempre
Poetas compareceram
Alguns escritores
Gente de teatro
Birutas no aeroporto
E nada.

Lampião e Maria Bonita
(1930-1938)

Certo dia, a sapataria de Zé de Neném recebeu um cliente ilustre. Era o cangaceiro Luís Pedro, homem de confiança de Lampião. Vinha carregado de sapatos, chapéus, cinturões e roupas do bando para fazer remendos e consertos. Era trabalho que não acabava mais. Zé já estava repleto de encomendas, mas quem teria coragem de recusar uma encomenda de Lampião? Os outros clientes que esperassem.

Luís Pedro voltava de vez em quando para buscar o que já ia ficando pronto e, nessas ocasiões, ficava de papo com Maria Deia, a mulher do sapateiro. Ela adorava ouvir as histórias repletas de aventura que o cangaceiro contava. Zé de Neném era um homem pacato e não ficava com ciúmes. Mesmo que ficasse, quem seria capaz de desafiar um cangaceiro do bando de Lampião? Luís Pedro que ficasse ali, bem à vontade, de papo com Maria Deia.

Quando já era um pouco mais íntimo da moça, Luís Pedro fez uma brincadeira: disse que ela sabia tanto sobre o bando de Lampião que podia até ingressar no cangaço. A moça não perdeu a deixa: "Se o capitão Lampião quisesse eu para sua mulé, me danava com ele pelo mundo até morrer". A conversa parecia ter ficado assim meio em tom de brincadeira, mas Luís Pedro levou a sério. Tanto que comentou com Lampião que havia uma morena jeitosa interessada nele.

No dia seguinte, não foi pequena a surpresa de Maria Deia ao ver a aproximação daquele homem que ela sabia muito bem quem era, embora jamais o tivesse visto de perto. Sua farta e engordurada cabeleira preta, que descia até os ombros, brilhava ao sol. Era alto, com 1,80m, bem mais do que a média dos homens da região. Quando chegou mais perto, o cheiro almiscarado típico dos cangaceiros logo tomou conta do ambiente. Era a mistura da sujeira das roupas com os perfumes de variadas qualidades com os quais ensopavam lenços e cabelos.

O homem trazia alguns anéis nos dedos – um rubi, uma esmeralda e um topázio –, símbolos do sucesso nas atividades que exercia. Sob o chapéu de feltro, o lenço enroscado no pescoço estava preso por um anel de brilhante. Se a vestimenta até poderia se confundir com a de outros cangaceiros, os óculos de aros redondos e o olho direito cego não deixavam dúvidas sobre quem estava chegando à sapataria.

Lampião não era homem de perder tempo com introduções e rodeios. Assim que se certificou de que aquela bela morena de 19 anos era a tal Maria Deia, foi direto ao assunto. Perguntou se ela teria coragem de repetir o que havia dito a Luís Pedro. Ainda espantada com a presença do Rei do Cangaço – era mais ou menos como ser inesperadamente visitada por um astro do *rock* hoje em dia –, Maria Deia repetiu. Ele perguntou então se ela era comprometida. Sim, havia um homem, respondeu ela, mas era como se não houvesse. Lampião olhou firme para Maria Deia e disse que voltaria no dia seguinte para buscá-la. Um calafrio de expectativa e medo percorreu a espinha da moça naquele momento. Seria o fim daquela vida besta e sem graça ao lado de um homem que não sabia fazê-la feliz e não lhe dava valor?

Maria Deia havia sido entregue ao casamento com Zé de Neném na adolescência, bem na fase em que sua beleza começava a chamar a atenção dos homens. Roliça e com longos cabelos lisos, ela tinha a boca carnuda e um sorriso brejeiro que encantavam à primeira vista. Era uma entre os 12 filhos do agricultor José Gomes, conhecido como Zé Felipe. Preocupado com o futuro de uma filha tão jeitosa e com temperamento um tanto rebelde, ele tratou de arranjar o mais rápido possível um casamento para a menina. Fez então a proposta ao tal sapateiro, José Miguel da Silva, conhecido por Zé de Neném, um solteirão que o pai de Maria Deia considerava honesto e trabalhador. Ele aceitou e tudo foi rapidamente providenciado.

O problema é que, além de ser pessoalmente sem graça – até desdentado ele era –, Zé de Neném não desempenhava bem o seu, digamos assim, papel de marido. Quase nunca procurava a jovem esposa e ainda assim parecia fazê-lo muito mais para cumprir a obrigação do que propriamente por apreciar a companhia da mulher. Maria Deia chegou a pensar que, na verdade, ele gostava mesmo era de homem e só tinha se casado para disfarçar a preferência. Ela fantasiou muitas vezes se entregar a outros ao longo daqueles sete anos de casamento, mas nunca teve coragem. Pois agora Zé de Neném teria uma boa lição: ninguém menos que Lampião, o cabra mais corajoso, famoso e cobiçado de todo o sertão, estava interessado nela. Quem era Zé de Neném perto de Lampião? Ninguém.

A moça conversou com a mãe sobre o que estava prestes a acontecer e, surpreendentemente, recebeu todo o apoio. Afinal de contas, ter Lampião como genro seria uma honra. Quando soube que a mulher fugiria com o mais cruel dos cangaceiros, o simplório Zé de Neném até demonstrou uma leve indignação, mas não mexeu um dedo para desafiar Lampião. Preferia ser um covarde vivo a um herói morto.

Quando Lampião reapareceu, no dia seguinte, encontrou Maria Deia pronta para seguir viagem com ele. Estava tão arrumada e cheirosa que o rei do cangaço decidiu que dali em diante ela seria chamada de Maria Bonita. Nesse verdadeiro conto de fadas sertanejo, a mocinha subiu na garupa do cavalo do seu príncipe e desapareceu, deixando definitivamente para trás toda a vida que levara até então.

Amores proibidos na história do Brasil

O único detalhe é que Lampião era um fora da lei, chefe de um bando que cometia crimes por onde quer que passasse. Mas os pobres o respeitavam e o consideravam um homem de bom coração, pois só mexia com gente rica e distribuía parte dos ganhos a quem estava precisando – uma espécie de Robin Hood do sertão. Certa ocasião, durante uma das entrevistas que gostava de conceder para divulgar sua imagem e dar seu ponto de vista sobre os crimes que cometia, ele explicou os critérios de escolha das vítimas.

> Consigo meios para manter o meu grupo pedindo recursos aos ricos e tomando à força aos usuários que miseravelmente se negam de prestar-me auxílios. Tudo quanto tenho adquirido na minha vida de bandoleiro mal tem chegado para as vultosas despesas do meu pessoal – aquisições de armas e munições, convido notar que muito tenho gasto também com a distribuição de esmolas aos necessitados.

E acrescentou: "Tenho cometido violências e depredações vingando-me dos que me perseguem e em represália a inimigos. Costumo, porém, respeitar as famílias, por mais humildes que sejam. E quando sucede algum do meu grupo desrespeitar uma mulher, castigo-o severamente."

O Rei do Cangaço se dizia admirador das classes formadas por "homens do trabalho", como agricultores, fazendeiros e comerciantes. Respeitava os padres, por ser católico, e os juízes, "por serem homens da lei e não atirarem em ninguém". Tinha bem claro quais eram seus inimigos. "Só uma classe eu detesto: é a dos soldados, que são os meus constantes perseguidores. Reconheço que muitas vezes eles me perseguem porque são sujeitos e é justamente por isso que ainda poupo alguns quando os encontro fora da luta."

Quando perguntado sobre o número de combates dos quais havia participado e de inimigos que havia matado, Lampião respondeu calmamente.

> Não posso dizer ao certo o número de combates em que já estive envolvido. Calculo, porém, que já tomei parte em mais de duzentos. Também não posso informar com se-

Lampião e Maria Bonita (1930-1938)

gurança o número de vítimas que tombaram sob a pontaria adestrada e certeira de meu rifle. Entretanto, lembro-me perfeitamente que, além dos civis, já matei três oficiais de polícia, sendo um de Pernambuco e dois da Paraíba. Sargentos, cabos e soldados, é impossível guardar na memória o número dos que foram levados para o outro mundo.

Lampião era procurado pela polícia de vários estados, especialmente pelas Forças Volantes, que percorriam o sertão com o objetivo de coibir crimes em regiões consideradas terras sem lei.

Mesmo com a existência dessas tropas, ele e seus homens circulavam havia anos sem serem pegos. E não é que vivessem exatamente às escondidas. Tanto que vez ou outra um jornalista o encontrava para pedir uma entrevista. Até para um documentário de cinema ele contribuiu, fazendo o papel de si mesmo. Já naquela época, Lampião sabia muito bem o valor do marketing pessoal. Uma das explicações para a dificuldade da polícia em prendê-lo é que, com a fama que Lampião conquistara, uma verba considerável estava sendo destinada a combater os crimes dos cangaceiros – o bando dele era o mais famoso, mas havia outros. Tirar de circulação o maior ícone desse tipo de banditismo seria um bom argumento para que as verbas fossem reduzidas, e muitos policiais estavam sobrevivendo disso.

Quando Lampião conheceu Maria Bonita, ele já somava pelo menos dez anos de atuação como cangaceiro. Havia se tornado chefe de bando em 1922. Desde então montara um grupo de homens de fibra, nos quais confiava plenamente. Assim que chegou com Maria Bonita na garupa, ele a apresentou à turma. Simpática, ela fez questão de conversar um pouco com cada um e saber detalhes – de onde haviam vindo e como haviam chegado até ali. Lampião explicou a todos que, embora fosse casada, Maria Bonita havia se juntado a ele por escolha própria, pois não estava feliz com o marido dela. A moça confirmou as palavras de Lampião e o assunto foi dado por encerrado.

Aquela primeira noite foi de descobertas, afinal, acabavam de se conhecer. Tensa, Maria Bonita caiu em prantos quando se viu a sós com Lampião. Era um misto de alegria, fascinação e medo do futuro. Como Lampião tinha um fraco especial por mulher chorando – ainda mais na hora do amor –, apaixonou-se de vez. Mas a vontade de chorar logo passou. Dali em diante, Maria Bonita queria mostrar que tinha coragem e fibra. Não queria ser apenas a "primeira-dama" do cangaço. Fez questão de aprender a atirar – e revelou ter excelente pontaria. Logo aprendeu também a lutar com faca e punhal.

Com a chegada de Maria Bonita, Lampião não tinha outro caminho a não ser permitir que os demais cangaceiros também trouxessem mulheres para o bando. Mesmo porque tê-la como a única entre tantos homens era prenúncio de confusão, ainda que todos respeitassem e temessem a liderança de Lampião. Não tardou para que outras mulheres, sempre na faixa dos 20 a 30 anos, se juntassem ao grupo. Algumas se tornariam quase tão importantes e famosas quanto Maria Bonita. Era o caso de Dadá, a mulher de Corisco.

Ao permitir a entrada de mulheres, Lampião criava uma conformação que se aproximava da família tradicional. O nível geral de satisfação aumentou e logo o bando chegaria a ter cerca de cem componentes, o maior grupo de cangaceiros já formado – os outros dificilmente passavam de 15 homens. Preocupado com esse porte excessivo, Lampião decidiu reorganizá-lo em pequenos grupos, como se fossem clãs familiares. Esses pequenos grupos teriam mais mobilidade e conseguiriam se esconder com mais facilidade. A partir daí emergiram novas lideranças, como Corisco, Zé Sereno, Labareda e Mariano.

A fase em que Maria Bonita se juntou ao grupo coincidiu com a maior sofisticação dos crimes cometidos pelos cangaceiros. Eles estavam começando, por exemplo, a praticar sequestros em troca de pagamento de resgate. Fizeram isso com empregados da Souza Cruz e da Standard Oil Company. Começaram, também, a cobrar dos comerciantes proteção para que não fossem atacados por outros grupos de cangaceiros – que, na verdade, estavam também sob o comando de Lampião.

Lampião e Maria Bonita (1930-1938)

Nos momentos de tranquilidade, o bando fazia questão de se divertir. Bailes eram organizados quase toda semana, com bebedeira e jogatina a dinheiro. Nas noites de luar, Lampião gostava de tocar sanfona e Maria Bonita o acompanhava no bandolim. Nessas ocasiões, Lampião improvisava canções que descreviam as aventuras que ele e seu bando enfrentavam. Essas canções falavam também de amor e da vida típica do sertão. Diz a lenda que foi ele quem compôs a conhecida "Mulher Rendeira", em homenagem à avó materna, que se dedicava a produzir rendas de bilro.

Extremamente supersticioso, Lampião impunha a seus comandados uma extensa lista de recomendações. Não podiam comer tapioca, sentar numa pedra que tivesse servido para amolar facas, passar por debaixo da corda de um animal amarrado, beber água diretamente nas mãos – se não tivessem um recipiente teriam que usar o próprio chapéu –, e sempre que bebessem água tinham que jogar um pouco nas costas. As balas dentro do fuzil tinham que ser em número ímpar, e nunca poderiam dormir com os pés voltados para uma igreja. Ah!, e as sextas-feiras, dia da morte de Jesus, eram vetadas para relações sexuais.

O Rei do Cangaço adorava a história, contada pelos pais, de que havia inspirado um comentário do padre no momento do batismo. "Sabem o que quer dizer o nome Virgulino? Vem de vírgula. Quer dizer pausa, parada. Quem sabe o sertão inteiro não vai parar de admiração por ele?" Lampião considerava que o padre havia tido uma premonição sobre seu futuro. Católico fervoroso – por mais contraditório que isso possa parecer –, o líder dos cangaceiros tinha verdadeira veneração pela figura de Padre Cícero, a quem era muito grato por proteger suas irmãs que viviam em Juazeiro do Norte. Sob o olhar atento do padre, nenhuma das duas jamais havia sido importunada, nem mesmo pela polícia.

Quem tivesse conhecido o temido cangaceiro na infância jamais imaginaria o que o destino lhe reservava. Nascido provavelmente em 1898, ele cresceu livre e feliz no sítio da família,

147

às margens do riacho São Domingos, no município de Vila Bela, atual Serra Talhada, em Pernambuco. As rodas de conversa sobre os feitos de homens valentes, especialmente os cangaceiros, eram um passatempo comum na região. As brincadeiras das crianças também giravam em torno desse universo, mas ainda assim tudo aquilo parecia distante demais para o pequeno Virgulino. Terceiro filho entre nove irmãos, cinco homens e quatro mulheres, nascidos entre 1895 e 1910, ele animava as festas da família. Gostava de cantar e tocar xaxado e baião, ritmos típicos do Nordeste. Era também um bom repentista, improvisando versos que arrancavam gargalhadas dos ouvintes.

Sua primeira experiência com mulher foi aos 14 anos, na "zona" de Vila Bela, levado pelo amigo Zé Pereira, que viria a se tornar cangaceiro de seu grupo, com o codinome Ventania. No bordel, Virgulino escolheu Penha, a mais nova das três moças disponíveis. Depois disso, viria a frequentar muitos outros prostíbulos e teria supostamente inúmeros filhos nas andanças pelo sertão. Aos 15 anos, começou a trabalhar como tropeiro e passou a circular por todo canto, experiência que lhe ensinou os segredos de sobrevivência em ambientes hostis. Comer pouco e economizar água eram algumas das regras vitais.

Em 1917, aos 19 anos, seu destino sofreu uma reviravolta. O pai dele, José Ferreira, foi morto pelas tropas do tenente José Lucena, depois de longos desentendimentos originados de rixas familiares, muito comuns no Nordeste naquela época. Nasciam muitas vezes de fatos irrelevantes e iam ganhando proporções incontroláveis. No caso da tragédia ocorrida na família de Lampião, tudo começou quando o pai dele discutiu com um vizinho, José Alves de Barros, conhecido como José Saturnino, por conta do gado que havia invadido os limites de sua propriedade. No dia seguinte, os sinos das vacas de Saturnino apareceram amassados, e ele imediatamente credenciou o fato à família vizinha. A partir daí, as suspeitas mútuas e os atos de vingança e perseguição foram ganhando vulto, até culminarem com o assassinato de José Ferreira. Como o tenente José Lucena era ligado a Saturnino, as suspeitas recaíram sobre o vizinho.

Virgulino decidiu, então, entrar no cangaço, junto com dois de seus irmãos, para vingar o assassinato do pai. O cangaço era uma modalidade de banditismo ligada a questões de honra – a maior parte dos cangaceiros buscava inicialmente algum tipo de vingança. Virgulino ingressou com os irmãos no bando de Sinhô Pereira, de quem se mostrou um dedicado aprendiz. O cangaceiro novato logo ganharia o apelido Lampião, que fazia referência à luz que emanava de sua arma quando ele atirava, conforme explicava um verso de cordel da época:

> *Virgulino é tão ligeiro*
> *No rifle ou no mosquetão*
> *Que num combate de noite*
> *Faz do fuzil um clarão*
> *Por isso que seus colegas*
> *Lhe chamam de Lampião*

A vingança teria que cumprir alguns rituais, contudo. Tal como um enredo de filme, seria necessário concentrar-se inicialmente nos coadjuvantes, aqueles que haviam contribuído de alguma forma para a morte do pai, para só depois chegar ao principal responsável, José Saturnino. Assim, alguns soldados que estavam sob comando de Lucena naquele dia foram os primeiros a ser mortos por Virgulino e seus irmãos.

Havia, no sertão daquela época, uma boa dose de tolerância e compreensão para homicídios gerados por motivo de honra. Divulgar a versão de que havia entrado no crime por essa razão servia, portanto, como uma espécie de álibi para ações de banditismo. Foi isso que Lampião fez numa entrevista ao jornal *O Ceará*, em 1926, sua primeira aparição pública. Nessa ocasião, em que se deixou até fotografar, fez questão de credenciar a entrada no mundo do crime à vingança pela morte do pai.

Chamo-me Virgulino Ferreira da Silva, e pertenço à humilde família Ferreira, do Riacho de São Domingos, município de Vila Bela. Meu pai sendo constantemente perseguido pela família Nogueira e por José Saturnino, nossos vizinhos, resolveu retirar-se para o município de Águas Brancas – estado de Alagoas. Nem por isso cessou a perseguição. Em Águas Brancas foi meu pai barbaramente assassinado pelos Nogueiras e Saturnino, no ano de 1917. Não confiando na ação da Justiça Pública, resolvi fazer justiça por minha conta própria, isto é, vingar a morte de meu progenitor.

Dois anos depois, numa nova entrevista, dessa vez para o jornal *A Noite*, ele ampliou o impacto de sua lenda pessoal ao incluir a morte da mãe nas razões que o fizeram buscar vingança.

Eu não vivo a vida do cangaço por maldade minha – é pela maldade dos outros, dos homens que não têm coragem de lutar corpo a corpo como eu e vão matando a gente, na sombra, nas tocaias covardes. Tenho que vingar a morte dos meus pais. Era menino quando os mataram. Bebi o sangue que jorrava do peito de minha mãe e, beijando-lhe a boca fria, jurei vingá-la – é por isso que, de rifle às costas, cruzando as estradas do sertão, deixo um rastro sangrento, na procura dos assassinos dos meus pais.

Mas a verdade é que, com o tempo, Lampião se afastava cada vez mais da classificação de "bandido motivado pela honra". Suas supostas motivações iniciais já não podiam justificar as pilhagens e o terror que espalhava pelo sertão.

Lampião logo deixaria em segundo plano a perseguição a José Saturnino, que abandonou tudo o que tinha e fugiu para o Rio Grande do Norte para se salvar da vingança. O antigo vizinho da família Ferreira foi obrigado a viver na miséria, pois não podia exercer qualquer atividade que pudesse revelar onde estava. De certa forma, ele já estava sendo punido – e muito. Muitos anos depois, considerando que o perigo já havia passado – afinal, Lampião era àquela altura um homem rico e famoso e certamente já não se importaria com um miserável como ele –, José Saturnino decidiu

Lampião e Maria Bonita (1930-1938)

retornar a Pernambuco. Logo Lampião ficou sabendo da volta do inimigo. Encontrou-o vivendo em estado paupérrimo com a mãe, dona Alexandrina, já octogenária. No momento do encontro face a face, a velhinha colocou-se à frente do filho para protegê-lo e pediu a Lampião que a matasse no lugar dele. Depois de alguns momentos de tensão e silêncio, o terrível bandido deixou escapar uma lágrima e saiu da casa sem dizer palavra.

A cena da mãe idosa que protegeu o filho e, dessa forma, convenceu Lampião a salvá-lo é sem dúvida poética, mas poderia haver uma explicação muito mais prática para o inesperado ato de perdão. Se finalmente matasse José Saturnino, Lampião teria cumprido a vingança que o levou ao crime. Dessa forma, não teria mais justificativa para continuar na vida errante do cangaço. E a verdade é que, independentemente das motivações iniciais, ele havia pegado gosto pela coisa. Apreciava a sensação de poder que a vida de bandido lhe dava. Prova disso foi a resposta que deu a um jornalista que havia lhe perguntado se pretendia abandonar a profissão: "Se o senhor estiver em um negócio, e for se dando bem com ele, pensará porventura em abandoná-lo? Pois é exatamente o meu caso. Porque vou me dando bem com este negócio, ainda não pensei em abandoná-lo."

Não tardou para que Maria Bonita engravidasse. Foi um alívio saber que podia ser mãe. Como não havia engravidado nos sete anos de casamento com Zé de Neném, havia a desconfiança de que um dos dois era estéril. Quando a pequena Expedita nasceu, foi sigilosamente confiada a um vaqueiro amigo de Lampião, pois a vida no cangaço certamente não era para um bebê.

Na medida em que os seus feitos iam sendo contados de boca em boca e difundidos pelos cordéis, Lampião foi ganhando fama de ter poderes sobrenaturais. Acreditava-se que ele tinha "corpo fechado" graças aos patuás que carregava e às rezas específicas para cada situação de perigo – as chamadas "orações fortes". O próprio Lampião fazia questão de propagar esse mito, repetindo histórias como a do dia em que ficou invisível, 26 de março de 1924. Depois de ser ferido no pé durante um tiroteio com as Forças Volantes, ele buscou refúgio numa moita, mas um soldado inimigo chegou ao local. Lampião jurava que esse soldado o encontrou na moita, olhou bem nos seus olhos e saiu dali como se não tivesse visto nada.

Mas o "corpo fechado" não o salvaria na emboscada que seu bando sofreu no dia 28 de julho de 1938, na Grota do Angico, às margens do Rio São Francisco, em Sergipe. Lampião já havia se refugiado no local algumas vezes e o considerava seguro, mas daquela vez a presença dos cangaceiros foi dedurada. A suspeita recairia sobre Pedro de Cândida, um dos coiteiros de Lampião – comerciantes responsáveis por abastecer o bando com armas, munição e mantimentos. A maior evidência de que ele fora o traidor era o fato de, logo depois do episódio, ter sido incorporado às forças policiais. Ganhou a patente de cabo, com direito às mesmas gratificações reservadas aos soldados que participaram do cerco a Lampião. Menos de dois anos depois, contudo, Pedro de Cândida apareceu morto.

Os soldados da Força Volante estavam mais empenhados do que nunca na missão de pegar Lampião, pois o líder da tropa, o coronel João Bezerra, havia dito a eles que podiam se apossar dos bens dos cangaceiros quando os encontrassem. Foi um grande incentivo, pois as histórias sobre a riqueza de Lampião corriam o sertão. Essa estratégia armada pelo coronel era também um protesto contra as más condições às quais seus homens vinham sendo submetidos. As verbas para combater os cangaceiros continuavam sendo liberadas, mas quase nada chegava efetivamente ao campo de batalha. Muita gente se beneficiava nos gabinetes oficiais, enquanto os soldados viviam em miséria.

A Grota do Angico foi invadida no meio da noite por 48 soldados. Alguns cangaceiros até conseguiram escapar das rajadas de metralhadoras, mas o saldo foi de 11 mortos. Entre eles, Lampião e

Maria Bonita. Com o ventre dilacerado por vários tiros, ela foi degolada ainda viva. Já ele morreu com um único tiro na nuca, resultado de uma execução à queima-roupa. Ao final do ataque, as forças policiais levaram as cabeças como troféus. Na vila mais próxima, Piranhas, celebraram o feito com uma festa macabra, organizada ao redor das cabeças dos inimigos mortos. Conservadas em formol, as cabeças seriam depois cedidas ao Instituto Nina Rodrigues, que as manteve em exposição até 1969, quando descendentes dos cangaceiros conseguiram na justiça o direito de enterrá-las.

Depois do massacre, começou a correr o boato de que, na verdade, os cangaceiros haviam sido envenenados na véspera por uma bebida enviada por Pedro de Cândida. O maior indício disso era o relato de que, ao lado dos corpos degolados, foram encontrados vários urubus mortos. O envenenamento na véspera seria a razão para que o bando de Lampião estivesse tão desatento naquela noite – normalmente haveria homens de guarda. E também a explicação para que parte deles, os que não experimentaram a suposta bebida envenenada, tivesse conseguido escapar ao perceber que havia algo de errado.

Corisco, o Diabo Loiro, que não estava na gruta naquela noite, sucedeu Lampião na liderança do grupo. Com o cerco policial cada vez maior, no entanto, ele enfrentou sucessivas deserções. Foi morto dois anos depois pelas Forças Volantes, acompanhado apenas pela fiel Dadá. Com a morte de Corisco, a era do cangaço chegou ao fim de vez, após duas décadas de terror no sertão. Em 1961, o comandante das tropas que mataram Lampião e Maria Bonita, o coronel João Bezerra, mandou instalar uma cruz no local do combate, com a seguinte inscrição: "Aqui jaz o Rei do Cangaço, capitão Lampião, com dez companheiros. Combate a 28 de julho de 1938. Lembrança do capitão João Bezerra." Mais ou menos nessa mesma época, Bezerra declarou: "Se ele fosse vivo hoje, eu não permitiria que ninguém encostasse o dedo nele. Hoje eu não acho que ele era bandido."

Essa contradição em torno da figura de Lampião foi captada pelo cronista Rubem Braga em 1935, três anos antes do massacre da Grota do Angico:

> Lampião, que exprime o cangaço, é um herói popular do Nordeste. Não creio que o povo o ame só porque ele é mau e bravo. O povo não ama à toa. O que ele faz corresponde a algum instinto do povo. Há algum pensamento certo atrás dos óculos de Lampião. Suas alpercatas rudes pisam algum terreno sagrado.

Ainda que de modo tortuoso, os cangaceiros foram os únicos capazes de desafiar o poder dos até então intocáveis senhores feudais do sertão, conhecidos como "coronéis". Outro fator que causava a simpatia das pessoas simples é que, durante o período de domínio dos cangaceiros, o restante da criminalidade praticamente se extinguiu – ninguém tinha coragem de disputar mercado com Lampião e companhia.

Herói ou bandido, anjo ou demônio? A história de Lampião sempre despertará opiniões apaixonadas. Talvez não haja melhor síntese da ambiguidade em torno do Rei do Cangaço do que o verso final de um célebre cordel sobre a sua trajetória:

> *No inferno não ficou,*
> *No céu também não chegou.*
> *Por certo está no sertão.*

Com Maria Bonita sorridente ao seu lado, claro.

BIBLIOGRAFIA

Assunção, Paulo de. *Ritmos da vida*: momentos efusivos da família real portuguesa nos trópicos. Rio de Janeiro: Arquivo Nacional, 2008.

Barreto, Lima. *Um longo sonho de futuro*: diários, cartas, entrevistas e confissões dispersas. Rio de Janeiro: Graphia, 1993.

Boscoli, Geysa. *A pioneira Chiquinha Gonzaga*. Rio de Janeiro: Edição do autor, s.d.

Brasil, Gerson. *Garibaldi e Anita*. Rio de Janeiro: Souza, 1953.

Brenna, Giovanna Rosso del (org.). *O Rio de Janeiro de Pereira Passos*. Rio de Janeiro: Index, 1985.

Campos, Augusto de. *Pagu*: vida-obra. São Paulo: Brasiliense, 1982.

Caruso, Carla. *Oswald de Andrade*. São Paulo: Callis, 2000.

Collor, Lindolfo. *Garibaldi e a Guerra dos Farrapos*. Rio de Janeiro: Globo, 1938.

Costa, Virgílio Pereira da Silva. *Joaquim Nabuco*. Coleção "A Vida dos Grandes Brasileiros", número 14. Rio de Janeiro: Três, 1974.

Cunha, Rui Vieira da. *Figuras e fatos da nobreza brasileira*. Rio de Janeiro: Arquivo Nacional, 1975.

Diniz, Edinha. *Chiquinha Gonzaga, uma história de vida*. Rio de Janeiro: Zahar, 1984.

Edmundo, Luiz. *O Rio de Janeiro do meu tempo*. Rio de Janeiro: Imprensa Nacional, 1938.

Fonseca, Cristina. *O pensamento vivo de Oswald de Andrade*. São Paulo: Martin Claret, 1987.

Fonseca, Maria Augusta. *Oswald de Andrade*: o homem que come. São Paulo: Brasiliense, 1984.

Franceschi, Humberto Moraes. *A Casa Edison e seu tempo*. Rio de Janeiro: Sarapuí, 2002.

Freire, Tereza. *Dos escombros de Pagu*. São Paulo: Senac, 2008.

Furtado, Júnia Ferreira. *Chica da Silva e o contratador dos diamantes*. São Paulo: Companhia das Letras, 2003.

Gaglianone, Paulo César. *Uma viagem através do tempo*: Giuseppe Garibaldi, a jornada de um herói. Rio de Janeiro: Litteris, 1999.

Galvão, Patrícia. *Paixão Pagu*: a autobiografia precoce de Patrícia Galvão. Rio de Janeiro: Agir, 2005.

Grinberg, Keila; Grinberg, Lucia; Almeida, Anita Correia Lima de. *Para conhecer Chica da Silva*. Rio de Janeiro: Zahar, 2007.

Gruspan-Jasmin, Elise. *Lampião, senhor do sertão*. São Paulo: Edusp, 2006.

Lazaroni, Dalva. *Chiquinha Gonzaga – Sofri e chorei*. Rio de Janeiro: Nova Fronteira, 1999.

LIRA, Mariza. *Chiquinha Gonzaga, grande compositora popular brasileira*. Rio de Janeiro: Funarte, 1978.

LUSTOSA, Isabel. *Dom Pedro I*. São Paulo: Companhia das Letras, 2006.

MACEDO, Nestan. *Lampião*: capitão Virgulino Ferreira. Rio de Janeiro: Renes, 1962.

MACIEL, Frederico Bezerra. *Lampião, seu tempo e seu reinado*. Recife: Ed. Universitária, 1979.

MARKUN, Paulo. *Anita Garibaldi, uma heroína brasileira*. São Paulo: Senac, 1999.

MARTINS, Celso. *Aninha virou Anita*. Florianópolis: A Notícia, 1999.

MELLO, Zuza Homem de; SEVERIANO, Jairo. *A canção no tempo*: 85 anos de música brasileira. Volume 1: 1901-1957. São Paulo: Ed. 34, 1997.

NABUCO, Carolina. *Memórias*. Rio de Janeiro: José Olympio, 1973.

NABUCO, Joaquim. *Diários*. Recife: Massangana, 2005.

_____. *Minha formação*. Rio de Janeiro: Tecnoprint, 1988.

OLIVEIRA, Maurício. *Patápio Silva, o sopro da arte*. Florianópolis: Insular, 2011.

OLIVEIRA LIMA, Manuel de. *O movimento da Independência, 1821-1822*. São Paulo: Topbooks, 1997.

RANGEL, Alberto. *Dom Pedro I e a marquesa de Santos*. 3. ed. São Paulo: Brasiliense, 1969.

RAU, Wolfgang Ludwig. *Anita Garibaldi, o perfil de uma heroína brasileira*. Florianópolis: Edeme, 1975.

RODRIGUES, José Honório. *Independência*: revolução e contrarrevolução. São Paulo: Edusp/Francisco Alves, 1975.

SÁ, Marcos Moraes de. *A mansão Figner*: o ecletismo e a casa burguesa no início do século XX. Rio de Janeiro: Senac, 2002.

SOUSA, Octavio Tarquínio de. *A vida de Dom Pedro I*. São Paulo: Edusp, 1988.

_____. *História dos fundadores do Império do Brasil*. Rio de Janeiro: José Olympio, 1960.

TINHORÃO, José Ramos. *Os sons que vêm da rua*. São Paulo: Ed. 34, 2005.

VASCONCELOS, Agripa. *Chica que manda*. Belo Horizonte: Itatiaia, 1966.

VIANNA, Helio. *Dom Pedro I: jornalista*. São Paulo: Melhoramentos, 1967.

VIEIRA, Celso. *Joaquim Nabuco*. São Paulo: Instituto Progresso Editorial, 1949.

O AUTOR

Maurício Oliveira é jornalista formado pela Universidade Federal de Santa Catarina (UFSC), com mestrado em História Cultural pela mesma instituição. Foi repórter dos jornais *O Estado* e *A Notícia*, em Florianópolis, do jornal *Gazeta Mercantil* e da revista *Veja*, em São Paulo. Foi também coordenador de produção da Editora Contexto. Atuando como *freelancer* desde 2003, contribui com regularidade para publicações como *Exame*, *O Estado de S. Paulo*, *Valor Econômico* e *Viagem & Turismo*, além de prestar serviços para agências de publicidade e editoras de livros. Integra a equipe que produz o anuário *As Melhores Empresas para Você Trabalhar*, da revista *Exame*. Pela Editora Contexto, publicou o livro *Manual do frila*.

CADASTRE-SE no site da Editora Contexto para receber nosso boletim eletrônico *circulando o saber* na sua área de interesse e também para acessar os conteúdos exclusivos preparados especialmente para você. **www.editoracontexto.com.br**

- HISTÓRIA
- LÍNGUA PORTUGUESA
- GEOGRAFIA
- FORMAÇÃO DE PROFESSORES
- MEIO AMBIENTE
- INTERESSE GERAL
- EDUCAÇÃO
- JORNALISMO
- FUTEBOL
- ECONOMIA
- TURISMO
- SAÚDE

CONHEÇA os canais de comunicação da Contexto na web e faça parte de nossa rede
twitter **YouTube** **flickr** **facebook** **orkut** **www.editoracontexto.com.br/redes/**

editora contexto
Promovendo a Circulação do Saber

GRÁFICA PAYM
Tel. (011) 4392-3344
paym@terra.com.br